قادة المستقبل
القيادة المتميزة الجديدة

بسم الله الرحمن الرحيم

" قبما رحمة من الله لنت لهم ولو كنت فظا غليظ القلب لانفضوا من حولك فاعف عنهم واستغفر لهم وشاورهم في الأمر فإذا عزمت فتوكل على الله إن الله يحب المتوكلين (159)"

صدق الله العظيم

(آل عمران: 159)

بسم الله الرحمن الرحيم

"إنا عرضنا الأمانة على السماوات والأرض والجبال فأبين أن يحملنها وأشفقن منها وحملها الإنسان إنه كان ظلوما جهولا (72)"

صدق الله العظيم

(الأحزاب:72)

قادة المستقبل
القيادة المتميزة الجديدة

تأليف

دكتور/ مدحت محمد أبو النصر

أستاذ تنمية وتنظيم المجتمع بجامعة حلـوان
دكتوراه من جامعة Wales ببريطانيا
أستاذ زائر بجامعة C.W.R. بأمريكا
أستاذ معار بجامعة الإمارات العربية المتحدة (سابقاً)
رئيس قسم العلوم الإنسانية بكلية شرطة دبي (سابقاً)

الناشر

المجموعة العربية للتدريب والنشر

Arab group

2012

فهرسة أثناء النشر إعداد إدارة الشئون الفنية - دار الكتب المصرية
أبو النصر، مدحت محمد
قادة المستقبل: القيادة المتميزة الجديدة
تأليف: مدحت محمد أبو النصر
ط1 ـ القاهرة: المجموعة العربية للتدريب والنشر
263 ص : 24x17 سم.
الترقيم الدولي : 978-977-6298-45-3
1- القيادة الإدارية أ- العنوان
ديوي: 658,409 رقم الإيداع : 2011/10665

الطبعة الأولى
2012

الناشر
المجموعة العربية للتدريب والنشر
8 أ شارع أحمد فخري - مدينة نصر - القاهرة - مصر
تليفاكس: 22759945 - 22739110 (00202)
الموقع الإلكتروني: www.arabgroup.net.eg
E-mail: info@arabgroup.net.eg
elarabgroup@yahoo.com

الإهداء

إلى كل مدير

يريد أن يكتشف القائد الذي بداخله.

إلى كل مدير عربي

حتى يصبح قائداً متميزاً.

المؤلف

شعار هذا الكتاب

✔ القـادة لا يولـدون قـادة، وإنمـا يـتم إعـدادهم وتهيئتهم لهذه الأدوار.

✔ القيادة مسئولية وتكليف وليست تشريف.

✔ المنظمات الناجحة بهـا قـادة لهـم رؤيـة تحشـد طاقات العاملين وتوجههم نحو مستقبل أفضل .

المحتويات

11

المقدمة

القيادة Leadership ظاهرة اجتماعية عرفها الإنسان منذ بدء الخليقة، وأصبحت ضرورة لا يمكن الاستغناء عنها لأية جماعة أو منظمة أو مجتمع. فمن النادر أن تجد أي جماعة من الناس دون أن يكون لها نوعاً أو آخر من القيادة.. كذلك فلا يوجد مجتمع بدون قائد أو أي منظمة بدون قائد.

والقيادة شيء هام جداً فهي جوهر العملية الإدارية، وتعتبر من أهم عناصر العمل الإداري. هذا ولقد ظهرت أهمية القيادة في شحذ الهمم بشكل لم يسبق له مثيل للقيام بمهام التغيير المطلوبة. كذلك ظهرت أهمية القادة الذين يحبون التغيير أو القادة التحويليون كبديل للمديرين المحافظون.

وتعتبر القيادة من أكثر أدوات التوجيه فعالية في مجال العمل، وتساعد على حل كثير من مهام وتعقيدات العمل. والمنظمة التي تفتقر إلى القيادة السليمة لا يتوفر لها نصيب من النجاح. وحتى تستطيع المنظمات تحقيق النجاح - بصرف النظر عن البقاء حية - فلا بد أن تولى قيادتها أشخاص لهم صفات وخصائص معنية ولديهم قدرات ومهارات متميزة، ويؤمنون بأهمية إحداث التغيير المطلوب، ويستلزم ذلك أن يكون لدى القادة رؤية واضحة لما يحمله المستقبل...

ويعالج الكتاب الحالي «قادة المستقبل: القيادة المتميزة الجديدة» واحد من أبرز المفاهيم التنظيمية التي تحتل أهمية خاصة بالنسبة لكل من الأداء والسلوك التنظيمي في أي منظمة أياً كان نوعها أو حجمها أو مجال عملها..

ويهدف الكتاب إلى إلقاء الضوء على ماهية القيادة وأنماطها ونظرياتها. كذلك يهدف الكتاب إلى رصد صفات قادة المستقبل وأهميتهم وأدوارهم وأساليب تنمية قدراتهم.

ويتكون الكتاب من أربعة عشر فصلاً هي كالتالي:

الفصل الأول : مفهوم القيادة.
الفصل الخامس : الإدارة والقيادة في الإسلام.
الفصل الثامن : مبادئ القيادة المتميزة الناجحة.
الفصل التاسع : قادة المستقبل.
الفصل العاشر : صفات قادة المستقبل.

إن كتاب «قادة المستقبل: القيادة المتميزة الجديدة» له أسلوب فريد نسبياً؛ حيث يحاول جذب القارئ لتفقد ما به من معلومات وأمثلة عديدة.

لقد تم تصميم الكتاب ليمسك القارئ قلمه أثناء القراءة حتى يجيب على العديد من التمارين والاستقصاءات التي تتطلب منه المشاركة في الإجابة عليها أو حلها.

هذا ويمكن استخدام الكتاب لأغراض عديدة مثل:

- التعلم الذاتي والدراسة الفردية: فقد تم تصميم الكتاب ليمكنك من تعليم نفسك بنفسك.
- البرامج التدريبية: يمكن استخدام الكتاب كملف تدريبي يتم توزيعه على المتدربين في برنامج تدريبي حول موضوع الكتاب.

- **التدريب عن بعد:** يمكن إرسال الكتاب إلى هؤلاء الذين لا يتمكنون من حضور البرامج التدريبية.

ولقد تمت الاستفادة في إعداد هذا الكتاب بأكثر من 146 مرجعاً عربياً و40 مرجعاً أجنبياً بما يتيح للقارئ مساحة أوسع من المعرفة حول موضوع الكتاب.

هذا وندعو اللـه العلي القدير أن يستفيد من هذا الكتاب كل من اهتم بقراءته.

والمؤلف يشكر اللـه سبحانه وتعالى على توفيقه له في إعداد هذا الكتاب المتواضع الذي بلا شك به بعض النواقص، فالكمال لله وحده.

وبالله التوفيق ،،

المؤلف
أ.د. مدحت محمد أبو النصر
القاهرة: 2009

الفصل الأول

مفهوم القيادة

أشتمل هذا الفصل على:

- 📖 تعريف القيادة.
- 📖 أهمية القيادة.
- 📖 الحاجة إلى المرؤوسين (الأتباع).
- 📖 عناصر القيادة.
- 📖 أبعاد العملية القيادية
- 📖 جوانب ظاهرة القيادة.
- 📖 الأشياء المشتركة بين القادة.
- 📖 خرافات حول القيادة.

تعريف القيادة

هناك العديد من تعريفات القيادة نذكر منها:

أولاً: التعريفات الأجنبية

1- تعريف ستوجدل Stogdill: القيادة هي عملية تؤثر في نشاط جماعة منظمة من أجل تحقيق هدف معين وإرساء قواعد هذا الهدف.

2- تعريف تيد Tead: القيادة هي القدرة على التأثير في الناس ليتعاونوا لتحقيق هدف يرغبون فيه.

3- تعريف روزن Rosen وبرون Brown: القيادة هي عملية إيجاد إيجابية وطيبة مع المرؤوسين بهدف تحقيق التنافس لصالح العمل وليس التعارض فيما بينهم.

4- تعريف كينيث كلارك Kenneth Clark: القيادة هي نشاط أو مجموعة من الأنشطة، يلاحظها الآخرون وتحدث في جماعة، أو منظمة أو مؤسسة تضم قائداً أو مجموعة من الأتباع تجمعهم أهداف عامة مشتركة ويعملون معاً لتحقيق هذه الأهداف.

5- تعريف جون جاردنر John Gardner: القيادة هي مجموعة الإقناع أو تقديم القدوة التي يستخدمها فرد (أو فريق قيادي) لحث مجموعة من الأفراد على السعي لتحقيق أهداف يريدها القائد أو لتحقيق أهداف مشتركة بين القائد وأبتاعه.

6- تعريف جيمس ماكجريجور بيرنز James Mc Gregor Burns: القيادة هي عملية تبادلية يقوم فيها أشخاص لهم دوافع وقيم معينة بحشد الموارد المختلفة الاقتصادية والسياسية وغيرها، في إطار من المنافسة والصراع لتحقيق أهداف يريدها القادة وحدهم أو أهداف مشتركة بين القادة والأتباع.

7- تعريف جاري يوك Gary Yuke: القيادة التأثير على عملية وضع الأهداف والتأثير على مدى تمسك الجماعة بها والتوحد معها والتأثير على ثقافة المؤسسة.

8- تعريف والتر ف أولمر، الابن Walter F. Ulmer, Jr: القيادة هي نشاط - أو عملية تأثير - يتمكن فيها شخص من كسب ثقة الآخرين والتزامهم ويستطيع أن يدفع الجماعة إلى تحقيق مهمة أو مجموعة من المهام دون أن يعتمد في ذلك على منصب أو سلطة رسمية.

9- تعريف هاري إس ترومان Harry S. Truman: القيادة هي القدرة على دفع الآخرين إلى القيام بأشياء لا يحبون القيام بها وجعلهم يحبونها.

10- تعريف روست Rost وسميث Smith: القيادة هي علاقة تأثير بين القائد وأتباعه وتهدف هذه العلاقة إلى إحداث تغييرات حقيقية تعكس الأهداف التي يريد أن يحققها كل من القائد والأتباع.

11- تعريف جيرالد جرينبرج G. Greenberg و روبرت بارون R. Baron: القيادة هي عبارة عن إجراءات يؤثر بمقتضاها شخص على باقي أعضاء الجماعة بأساليب غير قهرية لتحقيق أهداف محددة للجماعة أو للمنظمة.

ثانياً: التعريفات العربية

1- تعريف محمود مسعد: القيادة هي عملية تختص بالتأثير على نشاط الجماعة وتوجيهها نحو الهدف والسعي لبلوغ هذا الهدف.

2- تعريف أحمد رشيد: القيادة هي فن التنسيق بين الأفراد والجماعات وشحذ هممهم لبلوغ غاية منشودة.

3- تعريف محمد رفعت قاسم: القيادة هي عملية التأثير في الآخرين لإنجاز الأهداف المشتركة استناداً إلى الإقناع وليس السلطة.

4- تعريف عوض خلف العنزي: القيادة هي مجموعة من الأفراد بما يوجه وينمي العمل الفردي والعمل المشترك بينهم، وتنمية روح الجماعة وروح التعاون لديهم وبينهم ثم بينهم وبين المنظمة، وإيجاد درجة كافية من التحمس والعطاء لديهم

والارتباط بالمنظمة وبناء علاقات طيبة وجو عمل تسوده الاستجابة والثقة والاحترام المتبادل، ومن ثم - وهذا هو رد الفعل - التأثير في معلومات واتجاهات وسلوك المجموعة بما يحقق رضاءهم وأهدافهم ورضاء وأهداف المنظمة، وتلك هي النتيجة.

وفي ضوء ما سبق يمكن تعريف القيادة بأنها: عملية تفاعل متبادل بين قائد ومجموعة من الناس في موقف معين، يترتب عليه تحديد أهداف مشتركة، ثم القيام بالإجراءات الفعالة بشكل جماعي غير قهري لتحقيق هذه الأهداف.

أهمية القيادة

القيادة ظاهرة اجتماعية عرفها الإنسان منذ بدء الخليقة، وأصبحت ضرورة لا يمكن الاستغناء عنها لأية جماعة أو منظمة أو مجتمع، فمن النادر أن تجد أي جماعة من الناس دون أن يكون لها نوعاً أو آخر من القيادة... كذلك فلا يوجد مجتمع بدون قائد أو أي منظمة بدون قائد.

هذا ولقد ظهرت أهمية القيادة في شحذ الهمم بشكل لم يسبق له مثيل للقيام بمهام التغيير المطلوبة. وظهرت أهمية القادة الذين يحبون التغيير أو القادة التحويليون كبديل للمديرين المحافظين.

وتعتبر القيادة من أكثر أدوات التوجيه فعالية في مجال العمل، وتساعد على حل كثير من مهام وتعقيدات العمل.

والمنظمة التي تفتقر إلى القيادة السليمة لا يتوفر لها نصيب من النجاح.

ويؤكد عوض خلف العنزي على أن القيادة تعتبر حجر الزاوية في حياة المجتمعات والمنظمات ونجاحها واستمراريتها، فالقادة هم الذين يخططون ويضعون الأهداف والسياسات (العادلة السليمة والمقنعة) وهم الذين يتابعون ويراقبون «الرقابة البناءة» ويتخذون القرارات الصحيحة البناءة (عملياً وسلوكياً وإنسانياً) ثم هم الذي يوجهون

ويصدرون التعليمات والتوجيهات والإرشادات ويؤثرون على سلوك واتجاهات الأفراد واستدعاء طاقاتهم إذا حدثت الاستجابة والارتباط والإقدام والثقة المتبادلة.

إنّ أي منظمة - مهما تضمنت من العاملين ذوي الكفاءة والإمكانات - فإنها تظل بحاجة دائماً إلى قيادة توجهها وتنسق بين الجهود وتحفز الهمم وتبث روح الحماس لتحقيق الأهداف.

الحاجة إلى المرؤوسين (الأتباع)

إن القيادة ليست كل شيء في المنظمة فقائد بلا أتباع لا يعني شيئاً ولن يستطيع قائد - مهما أوتي من العلم والخبرة والموهبة - أن يعمل بلا آخرين والإدارة عملية جماعية تستلزم التكاتف والتعاون والقبول المتبادل بين القائد والأفراد الذين يعملون بالمنظمة.

وعبر عن ذلك لي Lee عندما قال «لا يستطيع القادة أن يقودوا دون وجود تابعين... بدون تابعين فإنهم سيعيشون ويعملون بشكل منفرد».

فالقادة في حاجة إلى مرؤوسين يتسمون بالنضج وتحمل المسئولية والابتكار والتطلع إلى تحقيق الأفضل، وليس فقط مرؤوسين ينفذون الأوامر التي تصدر لهم فحسب.

عناصر القيادة

يمكن تحديد العناصر الرئيسية للقيادة في الشكل التالي:

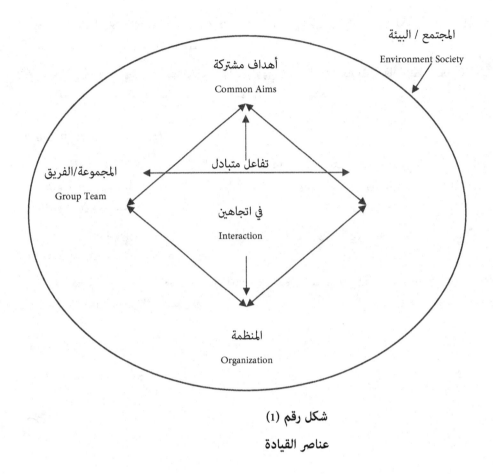

شكل رقم (1)

عناصر القيادة

أبعاد العملية القيادية:

القيادة الفاعلة تعبر عن عملية متعددة الأبعاد Dimensions تتضمن العوامل التالية:

1- خصائص القائد (الشخصية والمهنية والوظيفية).

2- خصائص المرؤوسين / التابعين (مثل: صفاتهم الشخصية والمهنية والوظيفية وتوقعاتهم وخبراتهم وأنواع العلاقات السائدة بينهم ...).

22

3- عوامل موقفية (مثل: طبيعة العمل ونظم الأجور والحوافز وخصائص المشكلة والموارد المتوفرة والوقت المتاح ...).

4- أهداف المنظمة (الأهداف أو النتائج المطلوب تحقيقها).

5- المعلومات المرتدة أو التغذية العكسية، والتي يترتب عليها تغيير سلوك القائد والمرؤوسين ومتطلبات الموقف وفقاً لطبيعة ناتج التفاعل بين القائد ومرؤوسيه.

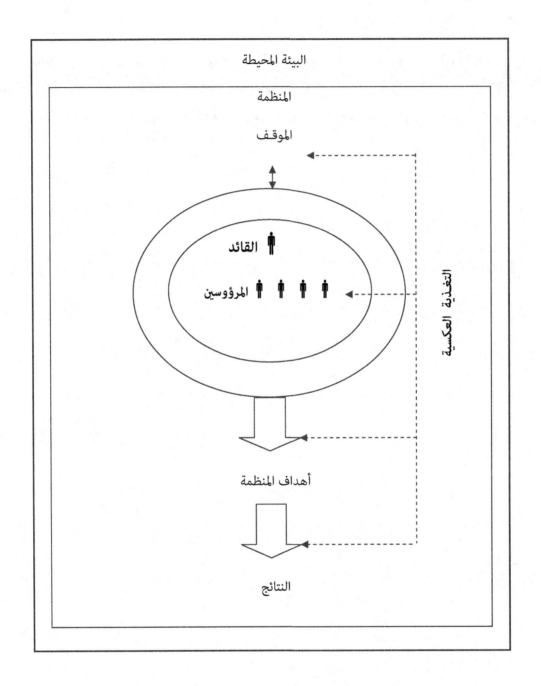

شكل رقم (2)
أبعاد العملية القيادية

24

جوانب ظاهرة القيادة

يمكن أن نحدد خمسة جوانب Aspects لظاهرة القيادة كالتالي:

1- القيادة عملية معقدة لها جوانبها السلوكية والعلائقية والموقفية المختلفة.

2- لا تكمن ظاهرة القيادة في شخصية القائد وحده بل تظهر أيضاً في العلاقات الثنائية، والجماعية والمؤسساتية.

3- يمكن أن تنبع ظاهرة القيادة من المستويات الدنيا في المؤسسة كما يمكن أن تأتي من المستويات العليا.

4- يمكن أن تحدث ظاهرة القيادة على المستوى الداخلي في التفاعلات فيما بين القائد والمرؤوس وعلى المستوى الخارجي في البيئة المحيطة بالموقف.

5- القيادة تساعد على إثارة دافعية الأشخاص داخلياً عن طريق تحسين توقعاتهم وخارجياً عن طريق استخدام نظم منح الجوائز.

الأشياء المشتركة بين القادة:

يرى بينيس Bennis ونانوس Nanus (1958)، أن هناك ثلاثة أشياء مشتركة بين القادة هي:

1- جميع القادة يواجهون تحدياً يتمثل في ضرورة التغلب على مقاومة التغيير. وبعضهم يحاول أن يفعل ذلك ببساطة من خلال ممارسة السلطة والسيطرة، ولكن القادة الأكفاء المؤثرين يعلمون أن هناك طرق أفضل يمكن اتباعها للتغلب على مقاومة التغيير. من هذه الطرق النجاح في تحقيق التزام طوعي بالقيم المشتركة.

2- القائد يجب أن يكون وسيطاً يوازن بين حاجات الجمهور داخل المنظمة وخارجها. ووظيفة الوساطة هذه تتطلب منه أن يتمتع بنوع من الحساسية تجاه احتياجات حاملي الأسهم وإحساس واضح بموقف المنظمة.

3- القائد مسئول عن مجموعة من الأخلاقيات أو المعايير التي تحكم سلوك الأفراد في المنظمة ويستطيع القادة تكوين وترسيخ مجموعة من الأخلاقيات بطرق عديدة. إحدى هذه الطرق هي أن يظهروا من خلال سلوكهم التزامهم بمجموعة المعايير التي يريدون ترسيخها والتأكيد عليها.

خرافات حول القيادة:

توصل بينيس Bennis ونانوس Nanus (1958)، من خلال أبحاثهما المستفيضة أيضاً إلى وجود خمس خرافات شائعة حول موضوع القيادة وهي:

1- القيادة مهارة نادرة. هذا غير صحيح. فرغم أن القادة العظماء ربما يكونون شيئاً نادراً، إلا أن كل إنسان لديه إمكانيات القيادة. والأهم من ذلك أن بعض الأشخاص يمكن أن يكونوا قائدة في مؤسسة معينة بينما يلعبون أدواراً عادية تماماً في مؤسسة أخرى. وهنك فرص عديدة للقيادة ومعظمها في متناول معظم الناس.

2- القادة يولدون، ولا يصنعون. لا، هذا غير صحيح. فالحقيقة هي أن معظم القدرات والكفاءات الخاصة بموضوع القيادة يمكن تعلمها، ونحن جميعاً قادرون على تعلمها شريطة أن تكون لدينا الإرادة اللازمة لذلك.

3- القادة لديهم شخصية كاريزمية. نعم بعضهم كذلك، ولكن الكثيرين منهم ليسوا كذلك.

4- القيادة توجد على قمة المؤسسة فقط. في الحقيقة، كلما زاد حجم المؤسسة، زاد احتمال تعدد أدوار القيادة بها.

5- القائد يسيطر ويوجه. هذا ليس هو الحال أيضاً. فالقيادة ليست ممارسة للسلطة بقدر ما هي تمكين للآخرين ومنحهم السلطة. فالدور الحقيقي للقادة يتمثل فيما يقدمونه من إلهام للآخرين وليس في مجرد توجيه الأوامر إليهم. فالقيادة هي عملية تمكين للناس من استخدام قدراتهم وخبراتهم وإمكانات المبادرة لديهم.

الفصل الثاني
_____

ماهية الإدارة

_____

أشتمل هذا الفصل على:

📖 تعريف الإدارة.

📖 خصائص الإدارة.

📖 خصائص العملية الإدارية.

📖 مهمة الإدارة .

📖 وظائف الإدارة.

📖 مبادئ الإدارة.

📖 مستويات الإدارة.

📖 السلطة التنفيذية والسلطة الاستشارية.

📖 استقصاء: هل أنت مشرف ممتاز ؟

«إن العالم ليفسح الطريق لأي امرئ يعرف طريقه جيداً».

(ديفيد ستار جوردن)

تعريف الإدارة:

الإدارة Management لغوياً: من الفعل يدير Manage بمعنى يدبر ويوظف ويستخدم ويحرك ويقتصد ويوجه ويرشد ويسوس ... وهذا هو معنى الإدارة، وكذلك هو إشارة إلى بعض أدوار المدير Manager، ومن أشهر تعريفات الإدارة نذكر:

1- تعريف فريدريك تايلور Fredric Taylor: الإدارة هي: أن تعرف بالضبط ماذا تريد، ثم تتأكد من أن الأفراد يؤدون ذلك بكفاءة وفعالية.

2- تعريف هنري فايول H. Fayol: الإدارة هي: عملية تنبؤ وتخطيط وتنظيم، ومن ثم القيام بالتوجيه والمراقبة.

هذا وهناك العديد من المدارس الفكرية والعلمية التي قدمت مفاهيم وتعريفات للإدارة. والملاحظ على هذه التعريفات، أنها تتفق مع بعضها في بعض الجوانب وتختلف كذلك في جوانب أخرى، وحتى يمكننا الإلمام بمعنى الإدارة فإننا سنقوم باستعراض بعض تعريفاتها الشائعة كالتالي:

1- الإدارة هي وظيفة تنفيذ الأشياء عن طريق الآخرين.

2- الإدارة علم وفن إدارة الموارد لتحقيق الأهداف المطلوبة.

3- الإدارة هي نوع من الجهد البشري المتعاون الذي يتميز بدرجة عالية من الرشد.

4- الإدارة هي توفير نوع من التعاون والتنسيق بين الجهود البشرية من أجل تحقيق هدف معين.

5- الإدارة هي فن الحصول على أقصى النتائج بأقل جهد ؛ حتى يمكن تحقيق رواج وسعادة لكل من صاحب العمل والعاملين مع تقديم أفضل خدمة ممكنة للمجتمع.

6- الإدارة عملية اجتماعية مستمرة تعمل على الاستفادة المثلى من الموارد المتاحة والممكنة عن طريق التخطيط والتنظيم والقيادة الرقابة؛ للوصول إلى هدف محدد.

7- الإدارة عملية تحديد وتحقيق الأهداف من خلال ممارسة أربع وظائف إدارية أساسية هي: «التخطيط والتنظيم والتوجيه والرقابة».

8ـ الإدارة هي عملية صنع القرارات بصورة رشيدة؛ لإنجاز الأهداف المطلوبة الإطار الزمني الموضوع لها.

9- الإدارة هي عملية تحقيق المنظمة للأهداف المخطط لها؛ وذلك بأقل قدر ممكن من الموارد المتاحة، وفي الإطار الزمني المحدد لها.

10- الإدارة هي تخطيط وتنظيم وتوجيه ورقابة الموارد البشرية والموارد الأخرى بالمنظمة؛ لتحقيق أهدافها بكفاءة وفعالية.

11- الإدارة هي عملية ذهنية وسلوكية تسعى إلى الاستخدام الأمثل للموارد البشرية والمالية والمادية ؛ لبلوغ أهداف المنظمة والعاملين بها بأقل تكلفة وأعلى جودة.

12- الإدارة هي إدارة الموارد البشرية بكفاءة وفعالية.

وفي ضوء التعريفات السابقة يمكن أن نعرف الإدارة بأنها: مهنة وعلم وفن وعملية لتحقيق التعاون والتنسيق بين الموارد البشرية والمالية والمادية - المتاحة والممكنة - لإنجاز الأهداف المخطط لها بصورة رشيدة.

الفرق بين: Administration & Management

يرى البعض أن كلمة إدارة هي ترجمة لكلمة Management ويرى آخرون أ،ها مرادفة لكلمة Administration. وهناك محاولات كثيرة للتفريق بينهما. فهناك من يرى أن الكلمة الأخيرة تشير إلى مهام الإدارة في المستويات العليا لكل عمل المنظمة، بينما تعبر الكلمة الأولى عن مهام الإدارة في مستويات التنفيذ والعمل الجاري اليومي وهذا هو المفهوم الأمريكي التقليدي.

أما المفهوم البريطاني هو - بشكل عام - يرى العكس، وهناك ما يميز بين الكلمتين على أساس أن كلمة Administration تطلق على المجال الحكومي أو المنظمات التي لا يحركها دافع الربح، بينما تختص كلمة Management بمشاريع الأعمال.

خصائص الإدارة

في ضوء التعريفات السابقة يمكن تحديد بعض خصائص الإدارة كالتالي:

1- الإدارة مهنة:

الإدارة تعتبر من المهن القديمة، فقد مارس الإنسان الإدارة منذ بدء الخليقة. فالإنسان كائن اجتماعي اتصالي لا يستطيع أن يعيش بدون التواصل مع الآخرين وخاصة في مجال العمل.

هذا، ولقد توفرت للإدارة مقومات أي مهنة، مثل: القاعدة المعرفية، والأهداف المحددة، والمجتمع المهني، والميثاق الأخلاقي، والتنظيمات المهنية، والاعتراف المجتمعي.

2- الإدارة علم:

لم تعرف الإدارة كعلم ذي أصول وأسس ونظريات إلا خلال القرن العشرين؛ ولكن هذا لا يعني أنها وليدة هذا القرن.

وعلم الإدارة عبارة عن المعرفة المنظمة والمصنفة في شكل مجموعة من المبادئ الإدارية. هذا ولقد بدأ الحديث عن الإدارة كعلم مع بداية كتابات وأفكار فريدريك تايلور Fredric Taylor. والإدارة علم؛ لكونها تسترشد بالمنهج العلمي وخطواته في أداء وظائفها وعملياتها الإدارية، كذلك الإدارة علم؛ لأنها تسترشد وتستفيد من أساسيات ونظريات العلوم الاجتماعية والإنسانية الأخرى، كما أن هناك العديد من النظريات التي تم استنباطها وتجربتها في مجال الإدارة.

3- الإدارة فن:

لأنها تعتمد على الإبداع والابتكار، وعلى كيفية استخدام الذكاء في المواقف المختلفة التي يواجهها المشرف أو الرئيس أو المدير؛ ولذلك نرى أساليب مختلفة للإدارة بالرغم من أن الوظيفة واحدة، أيضاً الإدارة فن لكونها تتطلب لممارستها العديد من المهارات، سواء كانت فكرية أو إنسانية أو فنية؛ كذلك لأن الإدارة هي في الأصل إدارة الأفراد، وهذا يحتاج إلى دراسة وفهم هؤلاء الأفراد وتحديد الأساليب المناسبة للتعامل مع هؤلاء الأفراد والتأثير فيهم وتشجيعهم لأداء الأعمال المطلوبة منهم.

4- الإدارة عملية:

بمعنى أنها تتضمن تفاعلاً متبادلاً ومستمراً بين جميع أطراف العملية الإدارية، وبين المستويات الإدارية وبين الإدارات والأقسام داخل المنظمة، وبين المنظمات والبيئة الخارجية المحيطة بها، أي أن الإدارة نشاط حركي ديناميكي منظم تجاه تحقيق أهداف مخطط لها.

كذلك يطلق على الإدارة بأنها عملية اجتماعية؛ لأن أهدافها تتطلب عدداً من الناس يشتركون في تحقيقها.

هذا، ولقد نشأت الإدارة عندما أصبح ضرورياً تعاون جماعة من الافراد لأداء عمل معين.

5- الإدارة عملية مستمرة:

فطالما كان هناك مجتمع يعيش فيه أفراد لديهم احتياجات (متعددة ومتنوعة ومتجددة ونسبية ولا نهائية) فإن الإدارة ستستمر في نشاطها في هذا المجتمع.

6- الإدارة عملية هادفة:

ظهرت الإدارة في الأصل نظراً للحاجة إليها، ونظراً لأنها وسيلة فعالة لتحقيق بعض أهداف المجتمع، فالإدارة على سبيل المثال مسؤولة عن توفير التعاون والتنسيق

بين الموارد البشرية والمادية والمالية، سواء كانت متاحة أو ممكنة؛ لتحقيق الأهداف المخطط لها بصورة رشيدة.

7- **الإدارة مسؤولة عن تحقيق الأهداف بصورة رشيدة:**

بمعنى أن الإدارة مسؤولة عن تحقيق أهداف المنظمة بكفاءة وفعالية. وببساطة يُقصد بالكفاءة Efficiency الاستفادة المثلى من الموارد والترشيد في استخدامها، بينما يُقصد بالفعالية Effectiveness تحقيق الأهداف بأفضل مستوى ممكن. بمعنى أن الإدارة الرشيدة هي التي تحقق الأهداف بأقل جهد ووقت وتكاليف.

8- **الإدارة والموارد:**

تحتاج الإدارة إلى الموارد لتحقيق الأهداف، ويعرف ماكس سيبرون Max Sipron المورد بأنه: «أي شيء له قيمة، ويمكن استخدامه، وهو إما أن يكون متاحاً أو غير متاح، ويتطلب بعض الجهد لجعله متاحاً، ويستطيع الإنسان أن يستفيد منه ويجعله أداة يمكن استخدامها لتأدية وظيفة أو لإشباع حاجة أو لحل مشكلة».

هذا وهناك تصنيفات عديدة لأنواع الموارد نذكر منها: الموارد البشرية والمالية والمادية والتنظيمية، الموارد المتاحة والممكنة، الموارد الداخلية والخارجية، الموارد المعنوية، مثل: (الأفكار والطرق والأساليب والمعلومات)؛ والمادية، مثل: (الأموال والمعدات والآلات). ومن مهام الإدارة توفير الموارد وحسن استخدامها وعدم الإسراف فيها وتحقيق التعاون والتنسيق فيما بينها.

خصائص العملية الإدارية:

تتسم العملية الإدارية بعدة خصائص تميزها عن غيرها من العمليات الأخرى. ويوضح عبد الرحمن توفيق أهم هذه الخصائص كالتالي:

جدول رقم (1)
خصائص العملية الإدارية

1- الرسمية	فهي تتم في إطار قانوني محدد ومعروف ومعلن وهو التنظيم الرسمي.
2- الاستمرارية	فالمديريون يقومون بوظائفهم الإدارية بشكل مستمر طالما بقيت المنظمة على قيد الحياة.
3- التسلسل	تندرج العملية الإدارية بين عدة مستويات إدارية: العليا، الوسطى، المباشرة (الإشرافية).
4- التوازن	توزيع الجهد الإداري بين الأنشطة المختلفة بما يتفق مع أهميتها النسبية، وتحقيق التوازن بين وظائف العملية الإدارية نفسها.
5- الوضوح	في تحديد الأهداف والخطط والسياسات والسلطات والمسئوليات. المعايير الرقابية .. إلخ.
6- الشمول	لكل وظائف المنظمة فما من وظيفة أو نشاط يؤدي في المنظمة إلا وتجد العملية الإدارية بكل وظائفها سابقة له ومتزامنة معه ولاحقة عليه.
7- التداخل	تتميز العملية الإدارية بالتفاعل والتداخل بين وظائفها إلى حد كبير.
8- العدالة	يجب أن تتسم العملية الإدارية والقائمون عليها من مديرين بالعدالة وإلا ستصبح مجرد قوة قهرية تعتمد على سلطاتها الرسمية وليس على قبول العاملين بها.

مهمة الإدارة:

إن تحقيق التنمية المنشودة في المجتمع يتوقف على وجود المنظمات القادرة على تحقيق أهدافها والوفاء بمتطلباتها؛ لذا كان الاهتمام المتعاظم بدور الإدارة باعتبار أنها أداة النمو والتقدم.

ولقد سارعت مختلف المجتمعات إلى الاهتمام بالعنصر البشري وإعداد الكوادر

الفنية والإدارية اللازمة؛ لقيادة العمل بمنظمات المجتمع المختلفة باختلاف تخصصاتها وتبعيتها.

فالإدارة مسؤولية وتكليف، فهي مسؤولية من منطلق أنها مسؤولة عن تحقيق الأهداف التي وجدت من أجلها المنظمات في المجتمع، وهي تكليف من المجتمع باستخدام موارده بمختلف أنواعها لتحقيق نتائج معينة تتمثل في تقديم السلع والخدمات التي يحتاجها المجتمع وبالأسعار المناسبة وبالجودة المطلوبة.

وتعتبر الإدارة دعامة رئيسية تعتمد عليها الأنشطة الاقتصادية والاجتماعية والتعليمية والعسكرية، سواء كانت حكومية أو خاصة أو أهلية؛ لأنها تضع النظام السليم لاستثمار الموارد النادرة لإشباع أكبر قدر ممكن من الحاجات لدى الفرد والجماعة والمجتمع.

بمعنى أن الإدارة كمهنة مسؤولة عن تحقيق أهداف المنظمات في المجتمع بكفاءة وفعالية.

إن أي هدف صغيراً كان أو كبيراً لا يمكن تحقيقه إلا إذا أعلنا العزم على تحقيقه، ثم عرفنا كيف نحققه، وكيف نصل إليه، وهذه هي مهمة الإدارة، فعلى سبيل المثال فإن الإدارة مسؤولة عن صنع القرارات الرشيدة لإنجاز الأعمال والمهام المطلوبة، وحل المشكلات التي تواجه المنظمة والمجتمع بطريقة علمية وموضوعية وعادلة.

ويشرح عبد الرحمن توفيق مهمة الإدارة من خلال النقاط التالية:

1- الإدارة هي لغة الحياة التي يتمكن بها الإنسان من تحقيق أحلامه لأنها تنظم أدوات الإنسان وموارده وتمكنه من حسن استخدامها وسلامة توجهها بالمسارات الإدارية والاقتصادية السليمة.. لا يقتصر دورها فقط على إدارة الموارد بل يتعداه إلى تنظيم أساليب التفكير والتدبير، ويمتد كذلك إلى أساليب وطرق القياس، وتقييم الأداء الإنساني وكذلك تقييم أداء المشروعات اقتصادياً ومالياً.

2- أن حياة الشعوب زاخرة بالمواقف التي لعبت فيها الإدارة دوراً حيوياً في إدارة المشروعات وازدهار المجتمعات وإدارة المواقف الصعبة فيها ومن بين أهم الأمثلة:

- كيف استطاعت ألمانيا واليابان تحقيق هذه المعدلات الصناعية رغم التدمير الكامل بكل ما فيها خلال الحرب العالمية الثانية.
- كيف تمكنت بعض دول شرق آسيا من منافسة الدول الصناعية الكبرى.
- كيف تمكن الجندي المصري من عبور خط بارليف في حرب 6 أكتوبر متجاوزاً كل الحسابات العلمية.
- السدود والخزانات والتطور العلمي والعملي الباهر في كافة العلوم وكيف يتح تحقيقه؟

3- إن الإدارة هي خلاصة التجربة الإنسانية في تحقيق الممكن والمستحيل؛ لأنها العلم الذي استفاد من كل العلوم ولخص كل التجارب الإنسانية. وحولها إلى دروس مستفادة يمكن نقلها من جيل لآخر. إنها باختصار علم بناء الحضارات وحمايتها من الاندثار. وهي كذلك علم التدمير والهلاك والقضاء على البشرية وقهر الشعوب؛ لذا يبقى السؤال دائماً هو كيف نحسن استخدام الإدارة كعلم؟ وكوسيلة لتحقيق أهداف الشعوب؟.

وظائف الإدارة:

اختلف العلماء والباحثون في الاتفاق على تعريف واحد للإدارة، كذلك فإنهم لم يتفقوا على تحديد واضح لوظائفهم الإدارية (Management Functions)، فمنهم من يرى أن وظائف الإدارة تتمثل في:

1- صنع القرار.
2- التخطيط.
3- القيادة.
4- الرقابة.

ومنهم من يحدّد وظائف الإدارة في:

1- التخطيط.
2- التنظيم.
3- توظيف الطاقات البشرية.
4- التدريب.
5- التمويل.

ورأي ثالث يعرض وظائف الإدارة في:

1- صنع القرارات.
2- التخطيط.
3- التنظيم.
4- التوجيه.
5- الرقابة.

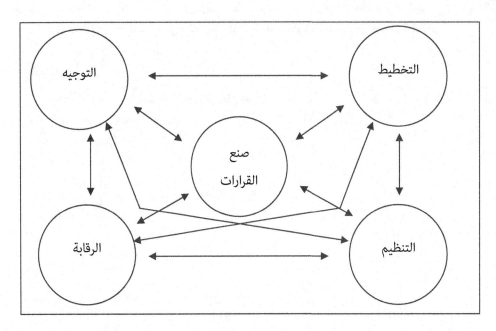

شكل رقم (3)
وظائف الإدارة

36

ويمكن شرح هذه الوظائف باختصار كما يلي:

1- **صنع القرارات Decision Making:**

وظيفة صنع القرارات هي جوهر عملية الإدارة ، وتتضمن هذه الوظيفة سلسلة من الخطوات القائمة على أساس بعض المعايير والتي تهدف إلى الاختيار الواعي بتحديد البديل الأنسب من بين البدائل المتاحة لمواجهة موقف محدد.

ويقصد بالقرار الاختيار من بين عدة بدائل مطروحة بقصد تحقيق هدف معين.

ولاختيار القرار المناسب من بين البدائل المطروحة، فإنه يمكن الاعتماد على العديد من المعايير في عملية تقييم البدائل نذكر منها:

- التكلفة.
- العائد.
- الزمن.
- الجودة.
- السلامة.
- القبول.
- البيئة

والإجابة عن الأسئلة التالية يمكن أن تساعد في اختيار البديل المناسب (اتخاذ القرار):

1- هل البديل الذي وقع عليه الاختيار سوف يؤدي إلى مواجهة المشكلة؟
2- هل هذا البديل مقبول بالنسبة لكل أطراف المشكلة؟
3- هل هذا البديل يمكن وضعه في شكل خطة عمل تفصيلية؟
4- هل الوقت يسمح باستخدام هذا البديل؟
5- هل تسمح الموارد البشرية والمالية والمادية بتطبيق هذا البديل؟
6- هل يضمن هذا البديل عدم ظهور المشكلة في المستقبل؟

ونجاح المدير يعتمد بدرجة كبيرة على سلامة ما يتخذه من قرارات ودرجة قبولها سواء داخل المنظمة أو خارجها.

ومن الملاحظ أن اتخاذ القرارات كنشاط يغطي كافة مجالات العمل داخل أي منظمة ويتم على كافة المستويات، مما يدعو إلى القول في النهاية أن الإدارة هي سلسلة من القرارات الرشيدة المتزامنة والمتعاقبة.

وتجدر الإشارة إلى أن أهمية القرار في أي منظمة تزداد، ونطاق شموله يتسع كلما ارتفع مستوى السلطة الإدارية التي تتخذ القرار داخل الهيكل التنظيمي للمنظمة.

ومن الأهمية بمكان أن نفرق بين من يتخذ القرار، وبين من يسهم في اتخاذ القرار، فمتخذ القرار يجب أن يملك السلطة الإدارية التي تعطيه الحق في اتخاذ القرارات في حدود معينة، بيد أن ذلك لا يعني أن ينفرد متخذ القرار في جميع الأحوال باتخاذ القرار، بل أن هناك الكثيرين في المنظمة من الممكن أن يساعدوه على اتخاذ القرار المناسب.

ويوضح الشكل التالي رقم (4) مدى الحرية المتاحة للمرؤوسين في عملية صنع القرارات، ومدى استخدام المدير لسلطاته وصلاحياته، والذي قدمه كل من (تانيبناوم) Robert Tannenbaum و (شميدث) Warren Schmidt في مقالة لهما عن «كيف تختار النمط القيادي؟» والمنشورة عام 1973م.

2- التخطيط Planning:

التخطيط هو عملية عقلية للمواءمة بين الموارد والاحتياجات، واختيار أفضل مسار للفعل من بين مسارات بديلة، ووضع ذلك في شكل خطة وميزانية لتحقيق أهداف محددة في المستقبل.

بمعنى أن التخطيط هو مرحلة التفكير التي تسبق تنفيذ أي عمل والتي تنتهي بإعداد خطة عمل. كذلك يمكن تعريف التخطيط بأنه عملية التنبؤ بالمستقبل والاستعداد له.

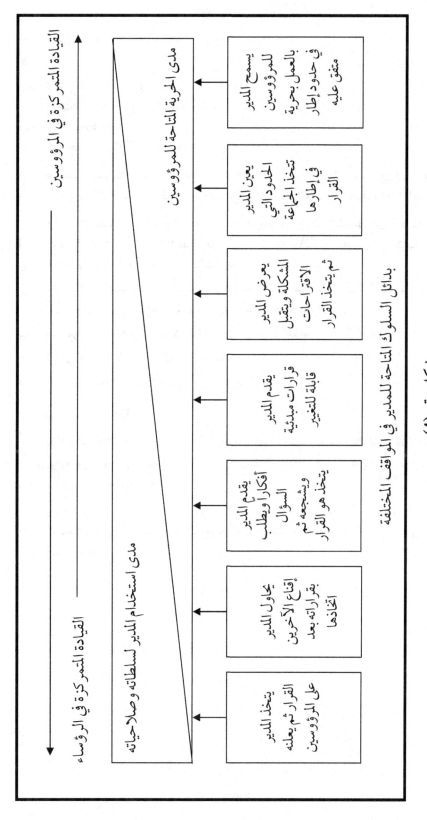

القيادة المتمركزة في المرؤوسين
القيادة المتمركزة في الرؤساء
مدى استخدام المدير لسلطاته وصلاحياته
مدى الحرية المتاحة للمرؤوسين
يسمح المدير للمرؤوسين بالعمل بحرية في حدود إطار متفق عليه
يعين المدير الحدود التي تتخذ الجماعة في إطارها القرار
يعرض المدير المشكلة ويتقبل الاقتراحات ثم يتخذ القرار
يقدم المدير قرارات مبدئية قابلة للتغيير
يقدم المدير أفكاراً ويطلب السؤال ويشجعه ثم يتخذ هو القرار
يحاول المدير إقناع الآخرين بقراراته بعد اتخاذها
يتخذ المدير القرار ثم يعلنه على المرؤوسين
بدائل السلوك المتاحة للمدير في المواقف المختلفة

شكل رقم (4)
متصل السلوك القيادي

ومن عناصر التخطيط السليم نذكر:

أ - الاعتماد على معلومات كافية وحديثة ودقيقة.

ب- تحديد ووضوح الأهداف.

ج- الاستخدام الرشيد للموارد المتاحة والممكنة.

ويشتمل التخطيط على مجموعة من المراحل مثل: وضع الأهداف والمعايير، ورسم السياسات والإجراءات والتنبؤات، وإعداد الميزانيات، ووضع برامج ومشروعات العمل والجداول الزمنية لها.

وتعتبر الخطط التنظيمية مثابة الإطار الذي يحفز ويحقق التكامل بين الأنشطة الفردية المختلفة داخل المؤسسة، وتحدد الخطط ما يجب أن تؤديه المؤسسة ، وأين ومتى وكيف ومن الذي يقوم بالأداء. ويخطط المدير عادة لعدة أسباب:

أ - تحديد اتجاه عام لمستقبل المؤسسة، ومن ثم تحديد أهداف وتوجهات المؤسسة، مثل: زيادة الأرباح أو توسيع حصتها في السوق، كذلك مسئوليتها الاجتماعية.

ب- ربط موارد المؤسسة بإنجاز هذه الأهداف، وضمان توفير تلك الموارد لإنجاز الأهداف.

ج- تقرير الأنشطة الضرورية لإنجاز الأهداف.

د- اتخاذ قرار بشأن المهام الواجب أداؤها للوصول إلى تلك الأهداف.

3- التنظيم Organizing:

يتطلب وضع الخطط السابقة موضع التنفيذ ضرورة تحديد الاختصاصات المختلفة المطلوبة لها، ثم توزيعها على الأفراد والجماعات المختلفة داخل المنظمة بطريقة منظمة تحقق تعاونهم معاً من أجل تحقيق الأهداف المشتركة بينهم.

إن جوهر وظيفة التنظيم يقوم على أساس تجميع المدخلات البشرية والاقتصادية في وحدات تنظيمية مختلفة، ثم تحديد العلاقات بين هذه الوحدات بما يحقق التكامل والتنسيق بينها من أجل تحقيق الأهداف المطلوبة بكفاءة وفعالية.

باختصار فإن وظيفة التنظيم تشمل: وضع الهيكل التنظيمي المناسب، وتهيئة وتطوير بنية الوظائف الإدارية المتداخلة بناءً على متطلبات التخطيط، وتوزيع المسئولية المخطط لها على الأشخاص الذين يشغلون هذه الوظائف، وتحديد العلاقات التنظيمية بين مختلف المناصب.

4- التوجيه Directing:

وظيفة التوجيه تشمل مجموعة من الوظائف الفرعية هي: القيادة والإشراف والاتصال والتحفيز، ويمكن شرح ذلك باختصار كالتالي:

إن الموارد البشرية كي تتصرف طبقاً للأهداف والخطط والسياسات والإجراءات السابق تحديد لابد من الاتصال معها، وتوفير القيادة والإشراف لها، وتقديم التحفيز المناسب لها. ولا تقتصر هذه الوظيفة على إصدار الأوامر والتعليمات فقط من خلال الوحدات التنظيمية، ولكن تهتم أيضاً بإشراك العاملين في صنع القرارات وبقبول هذه الأوامر والتعليمات وتنفيذها من قبل العاملين.

ويحتاج جميع العاملين وعلى مختلف المستويات قدراً من التحفيز لتشجيعهم على العمل وجودته بما يحقق زيادة الإنتاجية.

5- الرقابة Controlling:

تتم وظيفة الرقابة من خلال وسائل الضبط، وذلك حتى نتأكد من أن كل شيء في المنظمة يسير وفق السياسات والخطط والميزانيات الموضوعة، والهدف من الرقابة هو رصد الأخطاء والقيام بتصحيحها والعمل على تجنبها مستقبلاً.

بمعنى أن وظيفة الرقابة تهدف إلى التأكد من أن الأداء الفعلي يتم طبقاً للأهداف والخطط والسياسات التي سبق وضعها (عن طريق وظيفة التخطيط) ومن خلال الهيكل التنظيمي الموضوع (وظيفة التنظيمي)، ثم تحفيز وتشجيع العاملين على تنفيذها (عن طريق وظيفة التوجيه).

والرقابة كوظيفة إدارية تزود الإدارة بالمعلومات عن الأداء الفعلي حتى يمكن مقارنتها بالمعايير التي سبق تحديدها، فإذا كانت هناك اختلافات غير مرغوب فيها بين الأداء الفعلي والأداء المخطط، فإنه يمكن اتخاذ الإجراءات التصحيحية والتي قد تأخذ أشكالاً متعددة باختلاف الظروف السائدة.

مبادئ الإدارة:

المبادئ (Principles) هي حقائق أساسية لها صفة العمومية، وهي كذلك خطوط إرشادية وقواعد موجهة لكل من الممارسة والقرارات والأفعال.

فالمبادئ هي: مجموعة القواعد والمستويات التي تحدد ما هو صحيح وما هو خطأ، بمعنى أنها مجموعة الأحكام أو التعليمات التي تستعمل كموجهات للسلوك وللعمل.

ويمكن التوصل إلى المبادئ؛ إما عن طريق الدروس المستفادة من الخبرات المكتسبة أو عن طريق نتائج البحث العلمي أو الاثنين معاً.

وقد وضع (هنري فايول H. Fayol) 14 مبدأ من مبادئ الإدارية هي كالتالي:

1- مبدأ تقسم العمل: حيث تزداد كفاءة الأفراد كلما تخصصوا في أداء عمل كما هو الحال على خط الإنتاج.

2- مبدأ السلطة والمسئولية: ويشير هذا المبدأ إلى أن المسئولية هي نتيجة لتخويل السلطة، ومترتبة عليها. ومن الأهمية بمكان وجو تعامل بين العنصرين.

3- مبدأ الانضباط أو ضبط السلوك والتأديب: ويشير هذا المبدأ إلى أهمية إطاعة الأوامر واحترام أنظمة العمل وتطبيق نظام التأديب.

4- مبدأ وحدة القيادة: ويشير هذا المبدأ إلى ضرورة أن يتلقى المرؤوس التعليمات والأوامر من رئيس واحد.

5- مبدأ وحدة التوجيه: ويشير هذا المبدأ إلى أن كل مجموعة من الجهود أو الأنشطة

يكون لها هدف واحد، كما يجب أن يكون لها رئاسة واحدة توجهها وتحدد إطار عملها.

6- مبدأ أولوية المصلحة العامة: ويشير هذا المبدأ إلى ضرورة إعطاء الأولوية للمصلحة العامة على المصلحة الفردية.

7- مبدأ المكافأة العادلة: ويشير هذا المبدأ إلى أن أنظمة المكافآت والتعويضات العادلة توفر قدراً كبيراً من الرضاء لكل من العامل وصاحب العمل.

8- مبدأ تدرج السلطة: ويشير هذا المبدأ إلى ضرورة الالتزام بخطوط السلطة من أعلى مرتبة إلى أدنى مرتبة، ويقرر هذا المبدأ عدم تخطي الرئيس المباشر في الاتصالات.

9- مبدأ المركزية: ويشير هذا المبدأ إلى أن الظروف والمواقف القائمة هي التي تحدد درجة مركزية السلطة.

10- مبدأ النظام أو الترتيب: ويشير هذا المبدأ إلى ضرورة وضع كل شخص أو كل شخص في مكانه المناسب.

11- مبدأ المساواة ويشير هذا المبدأ إلى أهمية معاملة الإدارة لأفراد القوى العاملة بعدالة ومساواة ، فذلك يرفع من معنوياتهم.

12- مبدأ استقرار العاملين: ويشير هذا المبدأ إلى أهمية استقرار أفراد القوى العاملة في وظائفهم وأعمالهم بدرجة معقولة، فدوران العمل السريع يكلف المشروع كثيراً.

13- مبدأ توفير روح المبادأة والابتكار: ويعبّر هذا المبدأ على أهمية التفكير والتأمل عند وضع الخطة وتنفيذها، وعلى رجال الإدارة أن يشركوا مرؤوسيهم في اتخاذ القرارات.

14- مبدأ روح الفريق: ويشير هذا المبدأ إلى أهمية تنمية الإدارة لروح الفريق والتعاون بين العاملين.

وقد أضفى (فايول) H. Fayol على مبادئ الإدارة طابع العمومية في التطبيق حيث هي مبادئ تطبق بصفة عامة أيا كان نشاط المنظمات (صناعية أو زراعية أو تجارية أو حكومية أو غيرها)، وعلى أن يتم هذا التطبيق للمبادئ الإدارية في ضوء الظروف الخاصة والمتغيرة لهذه المنظمات.

مستويات الإدارة:

يمكن تحديد ثلاثة مستويات للإدارة هي كما يلي:

1- **الإدارة العليا (Top Management):**

وهي المسئولة على سبيل المثال عن:

- وضع وترتيب الأهداف العامة للمنظمة.
- السياسة العامة للمنظمة
- تدبير الموارد للمنظمة.
- التخطيط الاستراتيجي (طويل المدى).
- ربط المنظمة بالبيئة المحيطة.
- صنع القرارات الرئيسية الحاكمة.
- إدارة الأزمات الكبيرة.
- الإشراف على الإدارة الوسطى.

2- **الإدارة الوسطى (Middle Management):**

وهي المسئولة على سبيل المثال عن:

- تلقي الاستراتيجيات والسياسات العريضة من الإدارة العليا، ثم تقوم بترجمتها في شكل أهداف وبرامج محددة يمكن تنفيذها.
- الربط بين المستويات الإدارية المختلفة في المنظمة.
- تحقيق التنسيق والتعاون بين إدارات وفروع المنظمة.

- التخطيط متوسط المدى.
- إدارة الأزمات المتوسطة.
- الإشراف على الإدارة الإشرافية.

3- **الإدارة الإشرافية (Supervisory Management):**

الإدارة الإشرافية أو الإدارة المباشرة هي المسئولة على سبيل المثال عن:

- الإشراف والرقابة على عمليات التنفيذ أي عن الإنتاج الفعلي للسلع والخدمات.
- المتابعة والتقييم للمشروعات والبرامج والعاملين.
- تحقيق التنسيق والتعاون داخل كل مشروع أو برنامج.
- التخطيط قصير المدى.
- إدارة الأزمات البسيطة أو الصغيرة.

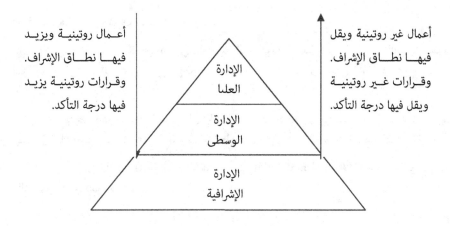

شكل رقم (5)
مستويات الإدارة

السلطة التنفيذية والسلطة الاستشارية Line Versus Staff Authority:

تعرف السلطة Authority بأنها الحق في اتخاذ القرارات من أجل توجيه أعمال الآخرين من خلال إصدار الأوامر والتعليمات، وفي مجال الإدارة عادة ما نفرق بين السلطة والسلطة الاستشارية.

فالمديرون التنفيذيون Line Manager هم الأفراد الذين لديهم سلطة توجيه أعمال مرؤوسيهم، وعادة ما يكونون رؤساء، هذا بالإضافة إلى أنهم مسئولون عن تحقيق الأهداف الرئيسية للمنظمة، ومن أمثلة المديرين التنفيذيين: مديرو الفنادق، ومديرو الإنتاج والمبيعات.

أما المديرون الاستشاريون Staff Managers فهم الأفراد الذين لديهم سلطة تقديم النصح والمشورة للمديرين التنفيذيين لمعاونتهم في تحقيق الأهداف الرئيسية للمنظمة، وبصفة عامة نجد أن مديري الموارد البشرية هم مديرون استشاريون فهم مسئولون عن تقديم المساعدة وإسداء النصح والمشورة للمديرين التنفيذيين في شؤون الاستقطاب والتعيين والأجور والمكافآت.

استقصاء: هل أنت مشرف ممتاز؟

الإشراف Supervision عبارة عن الجهود التي يبذلها المشرف أو رئيس العمل لمساعدة المرؤوسين على التغلب على ما يواجههم من مشكلات أثناء العمل، وعلى أداء وظائفهم على نحو أفضل.

وكما يفعل مدرب كرة القدم، فإن المشرف أو رئيس العمل يراقب أعضاء فريقه، ويعرفهم جيداً، ويساعدهم على مساعدة أنفسهم، ويجعلهم يوظفون أفضل ما لديهم من إمكانات؟

فعلى سبيل المثال، فإنه يمكن التغلب على نقاط الضغط في الأداء عن طريق الإشراف والتوجيه الذي يقوم به المشرف أثناء العمل.

كذلك يمكن حل معظم المشكلات الكبيرة مع المرؤوسين بالتوجيه السليم، كما يمكن القضاء على المشكلات الصغيرة قبل أن تستفحل. فيمكن أثناء الإشراف علاج مشكلات كالإهمال والتراخي في التنفيذ وكثرة الغياب والعناد وغيرها، وذلك بالتوجيه لا بالتأنيب.

والغرض من هذا الاستقصاء هو مساعدتك على تحديد ما لديك من نقاط قوة أو ضعف كمشرف أو موجه.

الاستقصاء:

1- ما مدى قدرتك على مناقشة مرؤوسيك في نواحي الأداء التي يجب عليهم تطويرها وتحسينها؟

❑ قدرة كبيرة ❑ قدرة متوسطة ❑ قدرة ضعيفة

2- ما مدى قدرتك على تشجيع مرؤوسيك على التحدث معك حول مشكلات العمل، عندما يترددون أو يرغبون في مناقشتها؟

❑ قدرة كبيرة ❑ قدرة متوسطة ❑ قدرة ضعيفة

3- ما مدى قدرتك في مساعدة مرؤوسيك على تحديد أسباب المشكلات التي تواجههم في العمل؟

❑ قدرة كبيرة ❑ قدرة متوسطة ❑ قدرة ضعيفة

4- ما مدى قدرتك في مساعدة مرؤوسيك على حل المشكلات التي تواجههم في العمل؟

❑ قدرة كبيرة ❑ قدرة متوسطة ❑ قدرة ضعيفة

5- ما مدى قدرتك في مساعدة مرؤوسيك على اتخاذ القرارات؟

❑ قدرة كبيرة ❑ قدرة متوسطة ❑ قدرة ضعيفة

6- ما مدى قدرتك في أن تصبح حازماً عندما يستدعي الموقف ذلك؟

☐ قدرة كبيرة   ☐ قدرة متوسطة   ☐ قدرة ضعيفة

7- ما مدى قدرتك في إقناع مرؤوسيك بدون اللجوء إلى التهديد الصريح أو الضمني؟

☐ قدرة كبيرة   ☐ قدرة متوسطة   ☐ قدرة ضعيفة

8- ما مدى قدرتك على مساعدة مرؤوسيك الذين يعانون من مشكلات خاصة كالإدمان أو مشكلات عائلية أو التوتر؟

☐ قدرة كبيرة   ☐ قدرة متوسطة   ☐ قدرة ضعيفة

9- ما مدى قدرتك على مساعدة مرؤوسيك على إنجاز أهداف العمل وفق الجدول الزمني المحدد؟

☐ قدرة كبيرة   ☐ قدرة متوسطة   ☐ قدرة ضعيفة

10- ما مدى قدرتك على عدم جعل روتين العمل اليومي يشغلك عن تدريب وتوجيه مرؤوسيك.

☐ قدرة كبيرة   ☐ قدرة متوسطة   ☐ قدرة ضعيفة

11- ما مدى قدرتك على اتخاذ القرارات دون التحيز القائم على أساس السن أو الجنس أو اللون أو الأصل أو الدين أو العلاقة الشخصية؟

☐ قدرة كبيرة   ☐ قدرة متوسطة   ☐ قدرة ضعيفة

التعليمات:

1- أعط لنفسك 3 درجات في حالة الإجابة قدرة كبيرة، ودرجتين في حالة الإجابة قدرة متوسطة، ودرجة واحدة في حالة الإجابة قدرة ضعيفة.

2- اجمع درجاتك عن جميع الأسئلة.

تفسير النتائج:

أ - في حالة الحصول على 23 درجة فأكثر فأنت مشرف ممتاز، أنت تفهم المعنى السليم للإشراف وتطبقه في العمل. سوف تنجح في إدارة مرؤوسيك، وتحقق الأهداف المطلوبة منكم.

ب- أما إذا حصلت على 12 - 22 فأنت مشرف جيد. أحياناً تطبق المعنى السليم للإشراف وتقدم التوجيه والمساعدة لمرؤوسيك. وأحياناً أخرى تنسى ذلك. وتمارس الإشراف كنوع من السلطة والرقابة وتصيد الأخطاء، حاول أن تتغلب على نفسك في حبها للسلطة.

ج- وإذا حصلت على 11 درجة فأقل فأنت ذو قدرة إشرافية ضعيفة. يجب عليك أن تعرف أن الإشراف الفعّال هو توجيه المرؤوسين وتدريبهم وتنمية مهاراتهم وقدراتهم لأداء العمل بشكل أفضل. ننصحك بأن تشترك في أكثر من برنامج تدريبي عن الإشراف والتوجيه وفن قيادة الآخرين.

الفصل الثالث

أدوار ومهارات الإدارة

أشتمل هذا الفصل على:

- 📖 من هو المدير ؟
- 📖 أدوار المدير.
- 📖 مهارات الإدارة.
- 📖 أبعاد الإدارة.
- 📖 أنواع الإدارة.
- 📖 المتغيرات العالمية والإقليمية والمحلية.
- 📖 تحديات الإدارة في بيئة عالمية.
- 📖 مقومات المدير الناجح.
- 📖 استقصاء: هل أنت إداري جيد؟
- 📖 العادات السبع للمدير الفعال
- 📖 العادة الثامنة.

من هو المدير؟

يشير مصطلح المدير Manager إلى الشخص الذي يدير الأفراد والموارد في أحد الأقسام أو الإدارات أو الفروع أو المواقع.. أو حتى الذي يدير المنظمة ككل.

بمعنى أن المدير هو الشخص الذي يمارس مهنة الإدارة ووظائفها (صنع القرارات والتخطيط والتنظيم والتوجيه والرقابة)، وذلك لتحقيق الأهداف الخاصة بالقسم أو الإدارة أو الفرع أو الموقع أو المنظمة ككل.

ويعتبر المديرون هم الثروة الرئيسية لأي مشروع أو لأي منظمة. ويقول (بيتر دراكر): إن المديرين هم أغلى مورد، وتتناقص قيمتهم أسرع من أي شيء آخر، ويحتاجون إلى تطوير وتغيير مستمر. وقد يستغرق بناء مجموعة من المديرين عدة سنوات، ولكنها قد تستنزف في فترة قصيرة من إساءة الحكم.

ويمثل المديرون جزءً صغيراً من العاملين في المنظمة. فمعظم العاملين يؤدون أعمالاً تنفيذية غير إدارية، والفرق بين المدراء وباقي العاملين هو أنه يتم تقييم المدراء على أساس درجة كفاءتهم وفعاليتهم في إدارة الأفراد والموارد بما يحقق الأهداف المخططة للمنظمة بصورة رشيدة.

وجميع المدراء يواجهون تحديات عديدة وعليهم إيجاد طرق أكثر كفاءة وفعالية لتحفيز العاملين من أجل زيادة إنتاجية وربحية المنظمة.

هذا، وهناك عديد من التسميات التي تطلق على المدير في الحياة العملية وذلك حسب المستوى الإداري الذي يعمل به، فيطلق عليه رئيس المنظمة، ومدير قطاع، ومدير عام، ونائب مدير عام، ومدير عام مساعد، وذلك على مستوى الإدارة العليا. ويطلق عليه مديراً ونائب مدير ومديراً مساعداً، وذلك على مستوى الإدارة الوسطى. ويطلق عليه رئيساً، ونائب رئيس، ورئيساً مساعداً ، ومشرفاً، وذلك على مستوى الإدارة الإشرافية.

أدوار المدير:

الدور Role هو: مجموعة الأنشطة والسلوكيات التي يتوقعها الآخرون من الفرد كممارس لهذا الدور ولكل فرد منا من الأدوار في الحياة والعمل، منها: دوره كابن وزوج وأب .. ودوره كموظف أو زميل أو رئيس أو مدير .. ويوضح أحمد سيد مصطفى أن دور الفرد في العمل ينبع من طبيعة وظيفته أو مركزه التنظيمي، ويرتبط بمفهوم الدور مصطلحات إدارية مهمة، يمكن تحديدها كالتالي:

1- الأداء Performance:

يقصد بالأداء المهني: القيام بالشيء أو تأدية عمل محدد، أو إنجاز مهمة أو نشاط معين.

2- الأداء المهني Personal Performance:

يقصد بالأداء المهني: القيام بأعباء الوظيفة التي يقوم بها الشخص من مسئوليات وواجبات، وفقاً للمعدل المفروض أداؤه من العامل الكفء المدرب، هذا ويمكن معرفة هذا المعدل عن طريق تحليل الأداء.

3- تحليل الأداء Performance Analysis:

يقصد بتحليل الأداء: دراسة كمية العمل والوقت الذي يستغرقه، وإنشاء علاقة عادلة بينهما.

4- معدل الأداء Rate Performance:

يقصد بمعدل الأداء: كمية العمل التي ينجزها فرد واحد أو مجموعة من الأفراد خلال زمن معين، تحت الظروف الطبيعية للعمل، أو مقدار الزمن اللازم لإنجاز كمية العمل.

ويؤدي المديرون الوظائف الإدارية الرئيسية الخمس عن طريق وأثناء قيامهم بمجموعة متنوعة من الأدوار الإدارية Managerial Roles.

وتشير معظم كتب الإدارة إلى أن المديرين عليهم تغيير أدوارهم التقليدية والانتقال إلى ممارسة أدوارهم الحديثة والمعاصرة، فعلى سبيل المثال عليهم الانتقال من دور الإدارة Manage إلى دور القيادة Lead، ومن دور التحكيم والضبط Control إلى دور التأثر Influence، ومن دور معطي التعليمات Instruct others إلى الدور الميسر أو المسهل Facilitator، ومن دور تجنب المخاطر Risk Avoidance إلى دور إدارة المخاطر Management Risk، ومن العمل الفردي Individual إلى العمل الفريقي Team Work، ومن دور مالك المعلومات Information Shard، ومن دور المفوض Delegate إلى دور مانع القوة وتمكين المرؤوسين Empower.

هذا، وهناك محاولات عديدة لتصنيف الأدوار المطلوبة من المدير، نذكر منها:

● المدير القائد، المدير مركز المعلومات، المدير حلال المشكلات، المدير مخصص الموارد، المدير المبدع الأول.

● المدير يعمل مع ومن خلال الآخرين، المدير يتحمل المسئولية ويحاسب، المدير يحقق التوازن ويضع الأولويات، المدير يتخذ القرارات، المدير المفكر، المدير سياسي.

- المدير الزعيم (المثال والنموذج والوالد).

- المدير القائد (يوجه ويحفز ويحرك).

- المدير المراقب (يتابع ويحاور ويرشد ويصحح).

- المدير ضابط الاتصال (مركز وحلقة الوصل).

- المدير رجل الأعمال (يبحث عن فرص الاستثمار).

- المدير حلال المشكلات والأزمات (مبادر ومخطط).

- المدير موزع معلومات (يصمم ويدير نظام المعلومات).

- المدير مخصص موارد (يجيد الاستثمار) .

وهناك من يحدد الأدوار الرئيسية للمدير في:

1- دور إداري يتمثل في المساهمة في العملية الإدارية كالتخطيط والتنظيم والتوجيه والرقابة.

2- دور يمثل فيه المنظمة في مواقف معينة سواء أمام العاملين أو أمام الغير.

3- تكوين علاقات أفقية بقصد التنسيق مع نظرائه في المنظمة أو خارجها.

4- دور إعلامي كمتابع ومتلق وناشر أو ناقل للمعلومات بل ومتحدث رسمي.

5- دوره في عملية اتخاذ القرارات في مجالات متعددة.

6- دورة في مواجهة وعلاج المشكلات وحل الخلافات داخليا وخارجيا.

7- دوره في ترشيد واستخدام الموارد البشرية والمالية.

8- دور في التنمية والتطوير.

هذا ويمكن تحديد ثلاثة أنواع رئيسية لأدوار المديرين كالتالي:

أولاً: أدوار مرتبطة بصنع القرارات Decisional Roles:

ومن هذه الأدوار نذكر:

1- صانع القرارات.

2- متخذ القرارات.

3- المفاوض.

4- مخصص ومزع الموارد.

5- معالج الصراعات والاضطرابات.

ثانياً: أدوار متعلقة بالمعلومات Information Roles:

ومن هذه الأدوار نذكر:

1- جامع المعلومات.

2- مصدر المعلومات.

3- محلل المعلومات.

4- موزع المعلومات.

5- متابع/مراقب.

6- المتحدث الرسمي.

ثالثاً: أدوار مرتبطة بالعلاقات مع الآخرين Interpersonal Roles:

ومن هذه الأدوار نذكر:

1- القائد.
2- المرشد/ الموجه.
3- حلال المشكلات.
4- حلقة اتصال.
5- الوسيط.

وفي هذا السياق يؤكد محمد محمد إبراهيم على أربع نقاط مهمة هي:

1- تتطلب وظيفة كل مدير أداء مزيج من هذه الأدوار.
2- غالباً ما تؤثر هذه الأدوار على خصائص العمل الإداري.
3- هذه الأدوار مترابطة بدرجة مرتفعة.
4- تتباين الأهمية النسبة لكل دور تبايناً ملحوظاً حسب المستوى الإداري وحسب الظروف التي تمر بها المنظمة.

وينبه (بيتر دراكر Peter Drucker في هذا الشأن بأن معظم المديرين يضيعون أغلب وقتهم في ما ليس بـ «إدارة»، وعلى مدير المبيعات القيام بالتحليل الإحصائي أو بالتراضي ومهادنة عميل مهم، على ملاحظة العمال إصلاح الأدوات وكتابة تقرير الإنتاج، وعلى مدير التصنيع تصميم مصنع جديد وترتيب واختبار مواد جديدة.

كما يقوم رئيس الشركة بعمل تفاصيل قرض بنكي أو مناقشة عقد كبير، أو قضاء ساعات في حضور غداء، تكريماً لموظف ذي خدمة طويلة. إن كل هذه الأشياء تنتمي إلى عمل خاص، وكلها ضرورية ويجب القيام بها بإتقان، إلا أنها بعيدة تماماً عما يفعله كل مدير مهما كان عمله ونشاطه، وبغض النظر عن رتبته ومركزه. ذلك هو العمل الذي يقوم به كل المديرين ويختصون به، ويمكننا أن نطبق التحليل المنظم للإدارة

العملية على عمل المدير، كما يمكننا عزل ما يقوم بعمله رجل لأنه مدير، وتقسيمه إلى عمليات مكونة له، وبذا يمكن لرجل أن يحسن أداءه كمدير بتحسين أدائه الأنشطة المكونة له.

مهارات الإدارة:

إن الإدارة هي عمل محدد ودقيق. ولهاذ فهي تتطلب مهارات Skills محددة ودقيقة، وعلى المدير اكتساب عديد من المهارات التي تجعله قادراً على ممارسة الوظائف الإدارية الخمس والقيام بالأدوار الإدارية الثلاث السابق الحديث عنها، ونذكر من تعريفات المهارة ما يلي:

1- السرعة والدقة في أداء عمل من الأعمال مع الاقتصاد في الجهد المبذول.
2- القدرة على عمل شيء معين لتحقيق هدف محدد.
3- القدرة على تحقيق الأهداف بفعالية.
4- مزيج من الخبرة المكتسبة من الأفعال أو الأنشطة بجانب القدرة الذهنية على تطبيق هذه الأفعال بفعالية وبراعة.

هذا ويمكن أن نقول: إن المهارة هي القدرة على استخدام المعرفة في تحقيق هدف معين بدقة وسهولة وسرعة وسلامة وأمان.

وفي ضوء ما سبق يمكن وضع المعادلة التالية:
المهارة = الرغبة (الاستعداد) + المعرفة + القدرة + الإتقان + السرعة

إن المهارة لا تكتسب لفظياً، وتظهر أثناء العمل والممارسة أو أثناء أداء المسئوليات المكلف بها الفرد. فاكتساب المهارات يتم عن طريق: الدراسة والمعرفة والفهم، ثم التدريب على ممارستها، ثم التثبيت لها.

هذا، ويمكن تحديد ثلاث مهارات على أي مدير اكتسابها، بل وإجادتها، وهي كالتالي:

1- مهارات فكرية Conceptual Skills:

المهارات الفكرية أو ما يطلق عليه في كتابات أخرى بالمهارات الإدارية أو الإدراكية، ويقصد بها القدرة على التفكير المنطقي المرتب، وتصور الأمور ورؤية الأبعاد الكاملة لأي مشكلة ما، وتحديد العلاقات بين المتغيرات المختلفة، ومن أمثلة المهارات الفكرية نذكر: مهارة التخطيط، مهارة تحليل المشكلات، مهارة القيادة، مهارة الإقناع، مهارة التفاوض، مهارة اتخاذ القرارات.

2- مهارات إنسانية Human Skills:

المهارات الإنسانية أو ما يطلق عليها في كتابات أخرى بمهارات الاتصال والتعامل مع الآخرين، ويقصد بها القدرة على التعامل الفعّال الناجح مع الآخرين (مع الزملاء ومع المرؤوسين ومع الرؤساء ومع العملاء)، ومن أمثلة المهارات الإنسانية نذكر: مهارات الاتصال مع الآخرين، ومنها: مهارة الاتصال اللفظي (الشفهي والمكتوب)، ومهارة الاتصال غير اللفظي (مهارة لغة الجسم)، ومهارة كسب الآخرين وكسب احترامهم.

3- مهارات فنية Technical Skills:

المهارات الفنية يقصد بها القدرة على القيام بالعمل المطلوب بالشكل السليم، ومعرفة تسلسل هذا العمل وخطواته، والإجراءات اللازمة للقيام بالعمل المطلوب، ومن أمثلة المهارات الفنية نذكر: مهارة رصد وتحليل البيانات، مهارة استخدام الحاسب الآلي، ومهارة كتابة التقارير، مهارات العرض والتقديم، مهارة وضع ميزانية.

ويختلف المزيج الملائم من هذه المهارات باختلاف المستوى الإداري للشخص المسئول، والشكل التالي يوضح توزيع المهارات المطلوبة على مستويات الإدارة المختلفة.

وكما هو واضح من الشكل رقم (6) أنه كلما تدرج الشخص وظيفياً إلى أعلى فهو يحتاج إلى اكتساب مهارات فكرية أكثر، وأنه كلما اتجهنا إلى أسفل الهرم أو الهيكل

التنظيمي احتاج الشخص إلى مهارات فنية أكثر، أما مساحة أو ثقل المهارات الإنسانية فهي واحدة لجميع المستويات الإدارية.

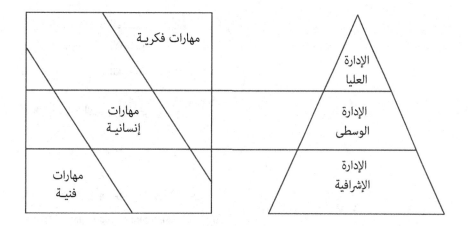

شكل رقم (6)
مهارات الإدارة

ويرى بيتر دراكر أن على المدير اكتساب المهارات الإدارية التالية:

1- اتخاذ القرارات الفعّالة.
2- تبادل الفكر والمعلومات في داخل المنظمة وخارجها.
3- الاستخدام السليم للرقابة والمقاييس.
4- الاستخدام السليم للأدوات التحليلية الخاصة بعلوم الإدارة.

ويرى المؤلف أن مهارات الإدارة يمكن تصنيفها إلى ثلاث مهارات كالتالي:

1- **مهارات إدارية Managerial Skills:**
    مثل:
    - مهارة صنع واتخاذ القرارات.
    - مهارة التخطيط.

- مهارة التنظيم.
- مهارة التوجيه والإشراف.
- مهارة الرقابة.
- مهارة إدارة الوقت
- مهارة إدارة الأزمات

2- **مهارات قيادية Leadership Skills:**
مثل:
- مهارة التأثير في الآخرين.
- مهارة الإقناع.
- مهارة بناء وإدارة فرق العمل.
- مهارة إدارة الاجتماعات
- مهارة توفير فرص النمو للآخرين.

3- **مهارات إدارة الذات Self Management Skills:**
مثل:
- مهارة فهم الذات/ إدراك الذات.
- مهارة تقييم الذات.
- مهارة محاسبة الذات.
- مهارة حفز الذات.
- مهارة تطوير وتنمية الذات.
- مهارة تقديم الذات بطريقة إيجابية.

نقطة أخيرة بشأن هذه المهارات هي انه لا يمكن لأي مدير أن يبرع في هذه المهارات جميعاً إلا أنه يجب على كل مدير أن يفهم ماهية هذه المهارات، وما يمكنها القيام به لصالحه، وما تتطلب هذه المهارات منه، ويحتاج كل مدير إلى معرفة أساسية للمهارات الضرورية.

أبعاد الإدارة:

في ضوء ما سبق يمكن تحديد ثلاثة أبعاد للإدارة هي كالتالي:

- البعد الأول: مهمة الإدارة.
- البعد الثاني: وظائف الإدارة.
- البعد الثالث: العمليات الإدارية.

وتمثل العمليات الإدارية التخصص الفني للأنشطة الإدارية المختلفة من تمويل وأفراد وإنتاج وتسويق ومشتريات، هذه الأبعاد الثلاثة تتفاعل مع البيئة Environment المحيطة بالمنظمة، والتي يمكن تحديد أنواعها كالتالي:

1- البيئة الداخلية Internal:

وتشمل مجموعة العوامل الداخلية التي تؤثر على الأداء الإداري بالمنظمة، مثل: قنوات الاتصال وأهداف المنظمة، ونطاق ومجال عمل المنظمة والإدارات والأقسام بالمنظمة وثقافة المنظمة.

2- البيئة الخارجية External:

والتي تتكون من العوامل الاقتصادية والاجتماعية والمادية والقانونية والثقافية القائمة في المجتمع، والتي تؤثر سواء بالإيجاب أو بالسلب على المنظمة.

ويمكن تصنيف البيئة الخارجية إلى الأنواع التالية:

أ- البيئة الاقتصادية.
ب- البيئة الاجتماعية.
ج- البيئة المادية والفنية.
د- البيئة القانونية والحكومية.
هـ- البيئة الثقافية.

ويمكن التعبير عن أبعاد والبيئات التي تمارس من خلال في الشكل التالي:

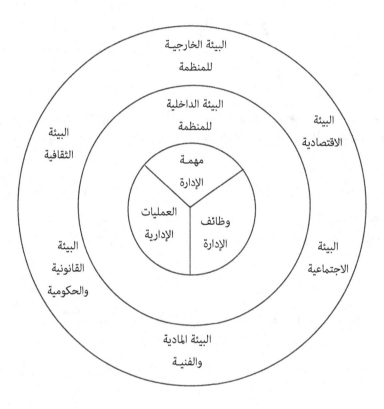

شكل رقم (7)
أبعاد الإدارة والبيئات التي تمارس من خلالها

أنواع الإدارة:

توجد أنواع عديدة للإدارة، ويمكن وضع التصنيف التالي - المرتبط بموضوع الكتاب - لأنواع الإدارة كالتالي:

1- الإدارة العامة.

2- إدارة القطاع العام.

3- إدارة الأعمال.

4- الإدارة الدولية.

5- إدارة منظمات المجتمع المدني.

ويُقصد بالإدارة العامة أو الحكومية Public Administration: النشاط الذي يتعلق بتنسيق الجهود الفردية والجماعية لتنفيذ سياسة عامة.

والإدارة العامة في إطار هذا المفهوم تعني تنفيذ السياسة العامة للدولة وإخراجها إلى حيز الواقع، وهي بذلك تمثل مجموع النشاط والعمل الحكومي الموجه نحو أداء الخدمات العامة Public Sector Administration، فيُقصد بها إدارة المؤسسات العامة بالدولة، وتعرف المؤسسة العامة بأنها مشروع اقتصادي عام، له شخصية معنوية تملكه الدولة، وتديره بأساليب تختلف عن الإدارة التقليدية للجهاز الحكومي، وذلك لسد حاجة عامة من حاجات المجتمع.

ومن الخصائص المهمة لهذه المؤسسات العامة هو تحررها من الروتين الحكومي في إجراءات التعاقد والشراء والتوظيف والتعامل مع رأس المال.

وبالنسبة لإدارة الأعمال Business Administration فهي الإدارة المهتمة بأوجه النشاط الاقتصادي الخاص (Private) الهادف إلى تحقيق الربح Profit.

ومن أنواع الإدارة أيضاً الإدارة الدولية International Administration والتي يقصد بها إدارة المنظمات التي لها صفة دولية أو إقليمية: (منظمة الأمم المتحدة والمنظمات المتخصصة التابعة لها، مثل: (مؤسسة اليونيسيف ومنظمة اليونسكو ومنظمة الصحة العالمية، وجامعة الدول العربية ومنظمة الدول الإفريقية).

أما إدارة منظمات المجتمع المدني Administration for the Civil Society Organizations فيقصد بها أوجه النشاط الإداري الذي يتوافر في منظمات المجتمع المدني مثل: (الجمعيات الأهلية والنقابات المهنية والعمالية والأندية الرياضية).

وفي ضوء ذلك فإن إدارة الجمعيات الأهلية Administration for Voluntary Associations تعتبر جزءً أو نوعاً من أنواع منظمات المجتمع المدني.

وبصفة عامة فإن إدارة منظمات المجتمع تختلف عن الإدارة العامة في أنها لا تهدف إلى تقديم خدمات عامة، وإنما تهتم بخدمة فئة خاصة أو معينة من المواطنين، وتختف أيضاً عن إدارة الأعمال من حيث إنها لا تهدف إلى تحقيق الربح بمفهومه العام، وإنما توجه دخلها نحو رعاية المنتمين إليها هم وأسرهم.

هذا، ويمكن تقويم نجاح إدارة منظمات المجتمع المدني بمؤشرات عدة، منها: مدى رضاء الأعضاء المنتمين إلى المنظمة، هذا الرضا يمكن ملاحظته عادة من نتائج عملية الانتخاب الدولية لأعضاء مجالس الإدارة أو من قرارات الجمعية العمومية أو برضا الجمهور المستفيد.

المتغيرات العالمية والإقليمية والمحلية:

وأيا كان نوع الإدارة فإنها لابد أن تراعي وتدرس وتستفيد من جميع المتغيرات المحلية والإقليمية والعالمية المحيطة بها، بل عليها أن تسهم في إحداث هذه المتغيرات لا أن تكون دائما رد فعل لها، ومن المتغيرات العالمية نذكر:

1- نحن في عصر العولمة.
2- نحن في عصر المعلومات.
3- نحن في عصر إدارة الجودة الشاملة.
4- نحن في عصر حماية البيئة.
5- نحن في عصر التقدم التكنولوجي.
6- نحن في عصر التكتلات الاقتصادية والسياسية والعسكرية.
7- نحن في عصر إ دارة بلا أوراق.
8- نحن في عصر الإدارة على المكشوف أو الإدارة المفتوحة.
9- نحن في عصر الإدارة فائقة السرعة.

ومن المتغيرات الإقليمية والمحلية، نذكر:

1- زيادة الرغبة في التنمية.
2- زيادة الاهتمام بالمجتمع المدني Civil Society.
3- زيادة قوة التطلعات الشعبية والتوقعات الجماهيرية.
4- استمرار مسئولية الدولة عن تحقيق مفهوم الدولة الإيجابية Positive State أو دولة الرفاهية Welfare State بمعنى مسئوليتها عن تحقيق الحد الأدنى من مستوى المعيشة المناسب لجميع المواطنين وتحمل الدولة عبء تقديم الخدمات الأساسية لهم مع مراعاة عدم التمييز أو التفرقة فيما بينهم.
5- النمو الحضاري السريع.
6- الزيادة السكانية بمعدلات تفوق معدلات التنمية.
7- سوء توزيع السكان.

موقف الإدارة من هذه المتغيرات:

وعلى الإدارة أن تستجيب لهذه المتغيرات من خلال قيامها بالمهام والأدوار التالية:

1- دراسة هذه المتغيرات، دراسة علمية موضوعية دقيقة.
2- فهم هذه المتغيرات، بشكل عقلاني وموضوعي ومتعمق.
3- الاستجابة البناءة والإيجابية لهذه المتغيرات.
4- العمل على إحداث التغير واستثماره.
5- العمل على تحقيق النمو المستمر.
6- التخلص من القوالب التنظيمية الجامدة.
7- السعي إلى التمييز بتعبئة واستثمار كل الطاقات.
8- الحرص على تطبيق أساليب ومبادئ إدارة الجودة الشاملة، وعلى رأسها كسب رضاء العملاء.
9- تبني مفهوم الابتكار والإبداع والاختراع.

10- تبني خصائص المنظمة المتعلمة - القادرة على التعلم Learning Organization.
11- تبني مفاهيم القيادة المتطورة.
12- الإيمان بأهمية العلاقات الإنسانية والرعاية الاجتماعية ودورهما في زيادة الولاء والانتماء التنظيمي وزيادة الإنتاجية لدى أي منظمة.

تحديات الإدارة في بيئة عالمية:

في ضوء ما سبق يمكن رصد بعض تحديات الإدارة في الوقت المعاصر كما يلي:

1- الإبداع، الابتكار، الاختراع.
2- التنافس القطري، الإقليمي، العالمي.
3- الشركات متعددة الجنسيات.
4- الجودة الشاملة.
5- المسئولية الاجتماعية تجاه خدمة المجتمع.
6- التدخل الحكومي.
7- مطالب النقابات العمالية.
8- التقدم التكنولوجي.
9- التقدم في الحاسبات الآلية.

وكمثال على تأثير مثل هذه المتغيرات والتحديات على مهنة الإدارة، نذكر العلامات التالية:

- ستوثر تداعيات ثورة المعلومات والاتصالات على نمط الأداء الإداري وعلى العلاقات التنظيمية. ويكفي في هذا الصدد الإشارة على سبيل المثال إلى ما أتاحه ربط جهاز الحاسب الآلي بجهاز الموديم Modem مع جهاز التليفون من إمكانية نقل أي من صيغ المعلومات من حاسب طرف مرسل إلى حساب الطرف المستقبلي عبر الاتصال التليفوني والبريد الإلكتروني.

- ويشير أيضاً أحمد سيد مصطفى بأن كثيراً من الشركات وخاصة في الغرب - بناءً على هذا التقدم التقني في مجال المعلومات - سمحت لموظفيها بإنجاز بعض الأعمال خارج مكاتبهم، ربما في منازلهم، وإرسال نتائج العمل اليومي أو الأسبوعي عبر هذه الأجهزة إلى رؤسائهم.

- كذلك يتوقع أن يظهر الجيل الخامس من الحاسبات الآلية، فيتمكن من تصميم البدائل ذاتياً وتقييمها، وتقديم توصيات لصناع القرار، بدلاً من قيام مصمم البرامج بتحديد البدائل. وسيؤدي ذلك لعمق أكبر في تطور قيام مصمم البرامج بتحديد البدائل. وسيؤدي ذلك لعمق أكبر في تطور التصميمات الخاصة بالسلع وفي الاتصالات والمعلومات، بحيث تتعمق وتكتمل ظاهرة عالمية الأسواق المالية والنقدية والتجارية.

- ويشير أحمد سيد مصطفى إلى أن هذه الظاهرة ستؤدي إلى تجاوز الحواجز الجغرافية والسياسية والثقافية التي تعوق عمليات التبادل الدولي ثقافيا وتجارياً وفنياً وتسويقياً، ولاشك أن هذا يتطلب تعزيز القدرات التنافسية للمنظمات العربية في هذه السوق العالمية.

- لم يحدث في تاريخ البشرية من قبل أن برر على سطح المجتمع تيار فكري واقتصادي وسياسي واجتماعي وثقافي، آثار من الجدل والحيرة والقلق والتوجس مثلما فعل التيار الذي أطلق عليه مصطلح «العولمة» (globalization).

- فالعولمة تيار لم يقننه فلاسفة أو مفكرون، ثم قدموه للناس على أنه نظرية أو مذهب جديد يسعى إلى دمج العالم في منظومة متكاملة، بل تيار تدفق كنتيجة طبيعية لانهيار الاتحاد السوفييتي، وانتهاء عصر القطبية الثنائية، وثورة المعلومات التي جعلت من العالم قرية كونية صغيرة، وتضخم وتطور الشركات العملاقة المتعددة الجنسيات.

ومع بروز هذا التيار منذ أوائل تسعينيات القرن العشرين، هرع المفكرون الإستراتيجيون والسياسيون والاقتصاديون والاجتماعيون إلى تقنينها في إطار منهجي

متبلور، وسعي بعضهم إلى تقديمها كنظرية حتمية لا يمكن تجاهلها أو تجنبها على المستوى التطبيقي الدولي.

وفي البداية يمكن أن نرحب بالعولمة إذا كانت تهدف إلى إزالة الحواجز بين الناس وتحقيق الوئام والتبادل الحضاري بين الشرق والغرب بما يساهم في تحقيق التقدم لجميع الدول.

كذلك نحن نرحب بالعولمة إذا كان هدفها تحقيق التعارف والتواصل المتبادل بين الشعوب بدون حواجز فيما بينهم، وأن تساهم في تبادل المنافع دون ظلم وعلى أساس من العدل.

لكن الذي لا نقبله أن يكون هذا التبادل بطريقة تقوم على الظلم واستغلال حاجة المحتاج وإلحاق الضرر ببعض الشعوب وإضافة الهوية الوطنية وتقويض الإيمان الديني.

إن الغرب يحاول تشويه صورة الإسلام والمسلمين، ويربط في كثير من الأحيان بين الإسلام والإرهاب، وتحميل المسلمين مسئولية توتر العلاقة بين الإسلام والغرب، ويقوم بعض المفكرين في هذه الدول باستثارة صناع القرار في الولايات المتحدة الأمريكية ودول أوروبا الغربية ضد الدول الإسلامية.

ومهمة المسلمين مقاومة هذه الحملة الشرسة ضد الإسلام والمسلمين والرد على ادعاءات الغرب بشكل علمي ومنطقي وهادئ يدل على سماحة الإسلام والمسلمين؛ وذلك في مختلف وسائل الإعلام المتاحة لنا في الغرب مع استخدام لغاتهم في توصيل الرسالة لتسهيل الفهم لديهم، وبالتالي نوضح الصورة الحقيقية للإسلام.

كذلك على المسلمين مراعاة ظروف الزمان والمكان وما يراه روح العصر والاستجابة لحاجات البيئة والعصر، وتوخي جلب المصالح ودفع المفاسد بما ينسجم مع الهيكل التشريعي القائم، والالتزام بالأصول العامة للشريعة الإسلامية.

وفي ضوء تحديات عصر العولمة فلا يجوز أن يقودنا هذا التيار الجارف إلى أن نذوب

فيه ونفقد الهوية الإسلامية العربية الخاصة بنا، كما لا يجور أن نعزل أنفسنا عن عالمنا الذي نعيش فيه، فهذا الانعزال في عالم اليوم قد أصبح أمراً مستحيلاً، ومن هنا فإن علينا أن نكون إيجابيين ومشاركين في التطورات التي تحدث من حولنا لا أن نكون مجرد تابعين أو متفرجين.

مقومات المدير الناجح:

لقد أجريت العديد من البحوث والدراسات لتحديد سمات المدير الناجح، وتوصلت إلى مجموعة كبيرة ومتنوعة من السمات التي يجب على أي مدير أن يتحلى بها ويكتسبها ليس فقط من خلال خبرات العمل، بل أيضاً بواسطة الدورات التدريبية وحضور المؤتمرات والندوات وقراءة كتب ومجلات الإدارة، بل وكتب ومجلات علم النفس وعلم الاجتماع والعلاقات العامة والتخطيط.

وكل هذه البحوث والدراسات كان الهدف الرئيسي لها هو محاولة تحقيق مبدأ وضع الرجل المناسب في المكان المناسب.

إن المدير الناجح يحقق النجاح لنفسه ولجماعة العاملين معه وللمؤسسة التي يعمل بها والعكس صحيح. المدير الناجح المتميز هو الذي يحاول تطوير نفسه، كما يحاول تحقيق الأهداف بكفاءة وفعالية.

والآتي شرح لمفهوم كل من الكفاءة والفعّالية.

لقد تعددت الآراء واختلفت أحياناً في تعريف مصطلحي الكفاءة والفعّالية، وببساطة يمكن تحديد معنى كل منهما كالتالي:

أولاً: الكفاءة Efficiency:

يقصد بالكفاءة: حسن الاستفادة من الموارد Utilizing Resources، فالإدارة عليها مسئولية استخدام العناصر البشرية والمالية والمادية أحسن استخدام - أي بكفاءة.

كذلك تشير الكفاءة إلى قدرة الفرد على تطبيق ما تعلمه بشكل سليم يتصف بالدقة والإتقان مع مراعاة البعد الإنساني في التعامل مع الآخرين.

والمدير الكفء هو ما لديه القدرة على أداء العمل المطلوب منه بمهارة مع ضرورة التعامل الإنساني مع الزملاء والمرءوسين والعملاء أو الجمهور. كذلك كلمة «كفء» تعني أكثر من مجرد «بارع» إنها تعي أن يكون الموظف :

1- بارعاً

2- مؤهلاً.

3- منتجاً

كما تعني أن يكون:

1- عارفاً بمقومات الوظيفة.

2- قادراً على أداء مهام الوظيفة.

3- مجتهداً ونشطاً ومتحركاً.

4- قادراً على التعامل مع الآخرين بنجاح.

ويمكن قياس الكفاءة من خلال المعادلتين التاليتين:

- الكفاءة = المخرجات ÷ المدخلات > واحد صحيح
- الكفاءة = إجمالي العائد ÷ إجمالي التكاليف > واحد صحيح

ثانيا: الفعالية Effectiveness:

لغوياً يشتق لفظ الفعالية من فعّال أو نافذ المفعول، ويأتي من الفعل فعل فعلاً، وافتعل الشيء: أي ابتدعه والاسم منه الفعل، كما تعني أيضاً الأمر الفعّال أو نافذ المفعول والتأثير.

توضح التعريفات المتاحة عن مصطلح الفعالية أنه يعني:

1- حسن اختيار العناصر الملائمة لتحقيق النتائج المقررة.

2- القدرة على تحقيق النتيجة المقصود طبقاً لمعايير محددة سلفاً.

3- تحقيق النتائج أو الوصول إلى الأهداف Reaching Goals.

4- درجة استجابة مخرجات النسق - سواء سلع أو خدمات - لمطالب واحتياجات المجتمع أو
الملاء.

هذا، ويمكن قياس الفعالية من خلال المعادلة التالية:

● الفعالية = النتائج ÷ الأهداف > واحد صحيح

هذا، وعندما تنجح الإدارة في تحقيق الكفاءة والفعالية تصبح الإدارة جيدة، وعندما تنجح
واحدة وتفشل الأخرى تصبح متوسطة، وعندما تفشل في الناحيتين معاً تصبح الإدارة سيئة.

والشكل رقم (8) يوضح ذلك:

	كفء غير فعال **إدارة ضعيفة**	كفء فعال **إدارة جيدة**	كفء
الكفاءة (الاستفادة من الموارد)	غير كفء غير فعال **إدارة سيئة**	غير كفء فعال **إدارة متوسطة**	غير كفء
	غير فعال	فعال	

الفعالية (تحقيق الأهداف)

شكل رقم (8)
الإدارة بين الكفاءة والفعالية

71

استقصاء: هل أنت إداري جيد؟

الإدارة علم وفن توفير التعاون والتنسيق بين العناصر البشرية والموارد المالية والمادية لتحقيق الأهداف بصورة رشيدة، أي في أقل وقت وجهد وتكاليف.

ويواجه الإداري في حياته اليومية، ومن خلال ممارسته لوظائفه المختلفة، العديد من المشكلات التي تتراوح بين البساطة والتعقيد. ولمواجهة هذه المشكلات بكفاءة وفاعلية، لابد من أن تتوافر لديه مجموعة من السمات والمهارات وفن التعامل مع الآخرين، والتفكير الابتكاري، وكذلك الثقة في النفس، المرونة في أداء العمل، القدرة على التنظيم، وفهم الآخرين ودوافعهم، والأخذ بزمام المبادرة دائماً .. وسعة الأفق.

إذا أردت أن تعرف هل أنت إداري جيد أم لا، هنا أسئلة للإجابة عنها:

الاستقصاء :

1- هل لديك الرغبة في التفرق والتميز؟

نعــم ❑ أحياناً ❑ لا ❑

2- هل لديك قدرة واضحة على تنظيم العمل؟

نعــم ❑ أحياناً ❑ لا ❑

3- هل تتصف بالمرونة في أداء العمل؟

نعــم ❑ أحياناً ❑ لا ❑

4- هل أنت مخلص للإدارة أو للمؤسسة التي تعمل فيها؟

نعــم ❑ أحياناً ❑ لا ❑

5- هل أنت راض عن إدارة شئون مكتبك؟

نعــم ❑ أحياناً ❑ لا ❑

6- هل تحافظ على وعودك للعملاء؟

نعم ☐   أحياناً ☐   لا ☐

7- هل أنت لطيف مع زملائك؟

نعم ☐   أحياناً ☐   لا ☐

8- هل أنت لطيف مع العملاء؟

نعم ☐   أحياناً ☐   لا ☐

9- هل تعمل بجد ونشاط؟

نعم ☐   أحياناً ☐   لا ☐

10- هل من السهل التحدث إليك أو مقابلتك؟

نعم ☐   أحياناً ☐   لا ☐

11- هل تنصت إلى الآخرين باهتمام وتفهم؟

نعم ☐   أحياناً ☐   لا ☐

12- هل تدرس لتزيد معلوماتك عن مهنتك؟

نعم ☐   أحياناً ☐   لا ☐

13- هل حديثك مع الآخرين بسيط ومباشر؟

نعم ☐   أحياناً ☐   لا ☐

14- هل تجد متعة في التخطيط المسبق للمهام الموكلة إليك؟

نعم ☐   أحياناً ☐   لا ☐

15- هل تصدر القرارات بعد جمع المعلومات المطلوبة واستشارة العاملين معك في المؤسسة؟

نعم ☐   أحياناً ☐   لا ☐

16- هل تفرح عندما ينجح الآخرون؟

نعم ☐   أحياناً ☐   لا ☐

17- هل توحي بالثقة إلى الآخرين؟

نعـم ☐   أحياناً ☐   لا ☐

18- هل تثق في العاملين معك في المؤسسة؟

نعـم ☐   أحياناً ☐   لا ☐

التعليمات:

1- أعط لنفسك درجتان في حالة الإجابة بـ «نعم».
2- أعط لنفسك درجة في حالة الإجابة بـ «أحياناً».
3- أعط لنفسك صفراً في حالة الإجابة بـ «لا».
4- اجمع جميع درجاتك عن جميع الأسئلة.

تفسير النتائج:

أ- إذا حصلت على 28 درجة فأكثر، فأنت شخص إداري جيد، تعرف كيف تدير من تعمل معهم. ننصحك بالاستمرار على المسار نفسه، وبأن تحاول تنمية المهارات الابتكارية لديك ولدى العاملين معك.

ب- إذا حصلت على 20 - 27 درجة، فأنت شخص إداري بدرجة متوسطة. ننصحك بمراجعة إجاباتك عن جميع الأسئلة، حتى تعرف أين مواطن الضعف في أسلوب إدارتك، وحاول أن تتغلب عليها بالإرادة والمحاولة والتدريب.

ج- إذا حصلت على 19 درجة فأقل، فأنت شخص غير إداري، ننصحك بترك مكانك لشخص آخر أكفأ منك. لا تغضب من هذه الصراحة، فهذه النصيحة القاسية ستنفذك من فقد عملك نهائياً، وتنقذ المؤسسة التي تعمل فيها من خسارة كبيرة.

العادات السبع للمدير الفعال The Seven Habits for the Effective Manager

في كتابه عن العادات السبع لأكثر الناس فعالية، حدد ستيفن كوفي Stephen Covy (2004) سبعة عادات يمكن أن يسلكها المديرون بما يجعلهم متميزين في أدائهم لأدوارهم ووظائفهم، هي كالتالي:

1- كن مبادئاً ومبادراً — 1- Be Proactive.

2- ابدأ وعينك على النهاية. — 2- Begin with the End in Mind

3- ابدأ بالأهم قبل المهم (ضع أوائل الأمور أولاً في المقدمة). — 3- Put First Things Fist.

4- فكر بأسلوب مكسب / مكسب . — 4- Think Win / Win.

5- ابحث أولاً عن الفهم ثم أن يفهمك الآخرون.

5- Seek First to Understand, then to be Understandable by others.

6- اعمل مع المجموع. — 6- Work With Others

7- اشحذ أو زود طاقتك. — 7- Sharpen the Energy.

العادة الثامنة:

وفي كتابه العادة الثامنة The 8th Habit أضاف ستيفن كوفي عادة ثامنة أضافية تساهم في تحقيق النجاح للإنسان في الحياة والعمل.

وتتكون العادة الثامنة من شقين هما:

1- إبراز قدرتك وتميزك أو صوتك الخاص.
2- إلهام الآخرون ليبرزوا قدراتهم أو أصواتهم الخاصة.

إن العثور على صوتك يعني أن تشارك في عمل يوظف مواهبك ويشعل حماسك. وهو يعني العثور على قدراتك الأكثر ارتباطاً بذاتك وصفاتك. وبهذا يصبح الصوت كناية عن جوهر الكيان الإنساني. فهو نقطة التقاء المواهب والحماس والوعي والحاجة وبهذه الطريقة، فإنك تنتقل من الفاعلية Effectiveness إلى النبالة Greatness.

الفصل الرابع

إدارة أم قيادة ؟

أشتمل هذا الفصل على:

- **مقدمة**
- **الفرق بين القيادة والإدارة**
- **الخصائص الرئيسية لكل من الإدارة والقيادة**
- **الاختلافات بين المديرين والقادة**
- **مصفوفة القيادة / الإدارة**
- **هل أنت قائد ناجح في عملك ؟**
- **استقصاء: القيادة الإدارية**

مقدمة

القيادة ليست إدارة، والإدارة ليست قيادة. والقاعدة تقول ليس كل مدير قائد وليس كل قائد مدير. نصيحة هامة نقدمها لك إذا كنت مديراً حاول أن تكون كذلك قائداً.

«إذا أردنا أن نميز بين القيادة والإدارة، فيمكننا أن نقول إن القادة هم الذين يخلقون الثقافات ويغيرونها، أما المديرون فإنهم يعيشون في إطارها» (إدجار شاين Edgar Schein) .

يرجع هاندي Handy (1992) الاهتمام المتزايد بمسألة القيادة في السنوات الأخيرة إلى تغير نظرتنا إلى المؤسسات وطريقة تفكيرنا فيها. وهو يرى أننا في الماضي كنا نفكر بها في المؤسسات وكأنها قطع هندسية، «قد تكون بها عيوب ولكن يمكن من الناحية النظرية إصلاحها». وهكذا كانت المؤسسات كيانات يتم تصميمها، والتخطيط لها، وإدارتها. وكانت فاعليتها وكفاءتها تتوقف على جودة نظم الضبط والسيطرة والتغذية المرتدة.

ولكننا نستخدم اليوم لغة مختلفة عندما نتحدث عن المؤسسات - لغة تستخدم فيها مصطلحات مثل شبكات العمل، والتحالفات، والثقافة والقيم المشتركة. وهذه اللغة، حسبما يقول هاندي Handy، هي لغة القيادة، وليست لغة الإدارة.

ويمكننا أن نعبر عن ذلك بطريقة أخرى فنقول إنه إذا كانت الإدارة عملية منطقية، تستخدم فيها بعض القدرات مثل القدرة الكلامية والتفسيرات المنطقية الرقمية، فإن عملية القيادة أكثر اعتماداً على البديهية، كما أن للذكاء العاطفي دوراً فيها.

ويميز كننجهام Cuningham (1986) بين ثلاثة آراء مختلفة في العلاقة بين القيادة والإدارة. الرأي الأول يفترض أن القيادة هي إحدى الكفاءات التي يجب توافرها إلى جانب مجموعة من الكفاءات الأخرى لكي تكون الإدارة ناجحة وفعالة:

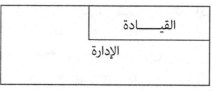

والرأي الثاني هو رأي بينيس Bennis ونانوس Nanus (1985) وهو يعتبر أن كلا المفهومين منفصلان عن بعضهما ولكنهما مرتبطان بشكل ما.

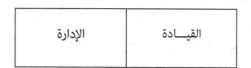

والرأي الثالث يرى أن هناك تداخل جزئي بينهما

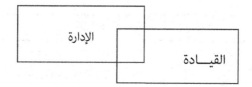

الفرق بين القيادة والإدارة

وبصفة عامة فإنه يمكن توضيح الفرق بين القيادة والإدارة في النقاط التالية:

1- القيادة مخصصة لعنصر الناس، بينما الإدارة مخصصة للتفكير في الأشياء.

2- القائد يحاول فعل الأشياء الصواب، بينما المدير يحاول فعل الأشياء بطريقة صواب.

3- القائد يفكر ويضع الرؤية ويعبئ الطاقات، بينما المدير ينفذ ويخطط.

4- القائد يستخدم الفص الأيمن من المخ المسؤول عن التفكير الابتكاري، بينما المدير يستخدم الفص الأيسر من المخ المسؤول عن التفكير التحليلي.

وتعتبر القيادة نشاط ومسؤولية وليست وظيفة، ومن ثم فهي عملية مستمرة وليست منصب إداري فقط، فالقيادة كالأنشطة الأخرى بالمنظمة مثل: الإنتاج والتوزيع، لذا فإن المنظمة التي تفتقر إلى القيادة السليمة لا يتوفر لها نصيب من النجاح.

ومن ناحية أخرى، فإن القادة في حاجة إلى مرؤوسين يتسمون بالنضج وتحمل المسؤولية والابتكار والتطلع إلى تحقيق الأفضل، وليس فقط مرؤوسين ينفذون الأوامر التي تصدر لهم فحسب.

الخصائص الرئيسية لكل من الإدارة والقيادة:

وتوضح فانا بروت Vana Prewitt (2003) الخصائص الرئيسية لكل من الإدارة والقيادة في الجدول التالي:

جدول رقم (2)
الخصائص الرئيسية للإدارة والقيادة

القيادة	الإدارة	الخصائص
اختيار الاتجاه الاستراتيجي والرؤية.	تخطيط، تنظيم، سيطرة، تقويم.... الخ.	الوظيفة
شخصي، غير رسمي.	رسمي	مصدر السلطة
تحفيز العاملين وحشدهم خلف الرؤية.	توزيع الموارد	التركيز
العواطف	الأهداف	الأسلوب
مرنة، ومكتسبة	ثابتة، بالتعيين	المكانة
العاملون، الثقة، الاحترام.	الإدارة العليا	الاعتمادية
تقديم التغيير، تطور وتكيف.	الاحتفاظ بالاستقرار	الغرض
الوضع المستقبلي	الوضع الراهن	الخدمة

الاختلافات بين المديرين والقادة:

نشر زالزنيك Zaleznik (1992) مقالة هامة في دورية مدرسة التجارة بجامعة هارفارد « Harvard Business Review» تحت عنوان المديرون والقادة، أشار إلى رفضه الفكرة القائلة بأن من الممكن تنمية مهارات الأشخاص من خلال التدريب وإعدادهم لكي يكونوا مديرين مهرة وقادة أكفاء. وأكد أن هناك اختلافاً كبيراً بين القادة والمديرين، فكل منهما نمط مختلف من الناس، له دوافعه المختلفة في التفكير والتصرف. وهو يقدم رأيه تحت أربعة عناوين موضحة في الجدول رقم (3).

ويضيف مؤيد السالم الاختلافات التالية بين المديرين والقادة:

1- يركز القادة على تصور مستقبل المنظمة بينما يتجه المديرون إلى تنفيذ الأهداف الحالية.

2- يضع القادة استراتيجية لإنجاز الأهداف بينما يتجه المديرون إلى ترتيب الموارد المطلوبة لإدارة العاملين.

3- يستنهض القادة العاملين للتميز بينما يهتم المديرون بإعطاء الأوامر وإلزام الأفراد بالعمل ويتابعون تقدم العمل ومعالجة الانحرافات بشكل متواصل.

4- يفكر القادة بشكل شامل Holistically وبنظام وبأساليب استراتيجية، بينما يلتزم المديرون بالتفاصيل والمناورات بصورة أكثر.

5- يركز القادة على القلب أكثر من العقل، ويعتمدون أكثر على المحفزات الداخلية التي يكون لها أثر أكبر وأطول من المحفزات المادية.

وببساطة فإنه يمكن التمييز بين دور القادة ودور المديرين من خلال شكل رقم (9) الذي قدمه كل من جيرالد جرينبرج G. Greenberg وروبرت بارون R. Baron.

81

جدول رقم (3)

الاختلافات بين المديرين والقادة

م	الخصائص / الأبعاد	المديرون	القادة
1-	المواقف تجاه الأهداف	ينظرون إلى الأهداف بشكل غير شخصي، باعتبارها أشياء تنبع من الضرورات التنظيمية في المنظمة	ينظـرون إلى الأهـداف بشكـل شخصي، يعكس رؤيتهم الخاصة أو مفاهيمهم التي يؤمنون بها إيماناً عميقاً
2-	النظرة إلى العمل	- ينظرون إلى العمل باعتباره عملية تمكين تتضمن خليطاً من وضـع الاسـتراتيجيات وصناعة القرارات والتخطيط. - يهتمـون بإنجـاز وتنفيذ المهـام المتفق عليها أو المقبولة.	- يقومــون بتطـوير أسـاليب جديدة لعلاج المشكلات. - يقومون بنقل أفكـارهم مـن خلال صور مثيرة وملهمة.
3-	العلاقات مع الآخرين	- يفضلون أن يعملوا مع الناس. - ولكـنـهم في نفـس الوقـت يحافظون على أقـل قـدر ممكن من الـدخول في علاقـات عاطفيـة مع الآخرين.	- يفضلون أن يعملوا مع الناس. - يحافظون على قـدر كبير من العلاقات العاطفية مع الآخرين. - يولـون مشـاعر قوية لـدى إتباعهم.
4-	الشعور بالذات	يحاولون التكيف مع الحياة بشكل مباشر	القـادة يولـدون مرتين، فحيـاتهم تتميز بوجـود صراع مسـتمر مـن أجـل الوصـول إلى إحسـاس بالانضباط والنظام.

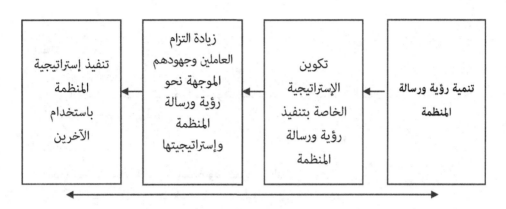

شكل رقم (9)
التمييز بين الأدوار التي يلعبها القادة والمديرون

مصفوفة القيادة / الإدارة:

يؤكد سيد الهواري أنه ليس هناك قائد 100% أو مدير 100% ولكن من الممكن أن تزيد نسبة القيادة أو الإدارة عند أي مدير.

يصور لنا جون كوتر John Kotter (1990) مصفوفة Matrix القائد/المدير والتي تصور أربعة أنماط في هذا الشأن:

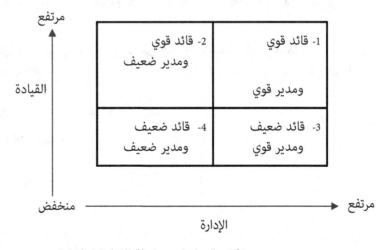

شكل رقم (10): مصفوفة القيادة / الإدارة

83

استقصاء

هل أنت قائد ناجح في عملك ؟

الإجابة عن الأسئلة الآتية بصراحة سوف تساعدك في الإجابة على السؤال الذي نطرحه وهو:
هل أنت قائد ناجح في عملك؟

الاستقصاء:

1- **عندما يتحدث معك أحد مرءوسيك وضرب جرس التليفون هل:**
- أ- تستمر في الإنصات لمرءوسك ☐
- ب- ترد على التليفون ☐

2- **عندما ينفعل أحد مرءوسيك هل:**
- أ- تتفهم مشاعره ☐
- ب- ترفض هذا السلوك ☐

3- **إذا جاء أحد مرءوسيك لك ليناقش فكرة جديدة أو ابتكارية هل:**
- أ- تشجعه وتناقش الفكرة معه ☐
- ب- تسأله أن يختار وقتاً آخر، أو تحول الفكرة دون مناقشتها إلى لجنة لدراستها ☐

4- **أخطأ أحد مرءوسيك في موضوع من موضوعات العمل، هل:**
- أ- تناقشه لتعرف أسباب ذلك ومقترحاته لعلاج هذا الخطأ ☐
- ب- تحوله إلي التحقيق ☐

5- **عندما يتناقش معك رئيس قسم التدريب عن خطة التدريب في المؤسسة، هل:**
- أ- تسعى للحصول على أكبر قدر من البرامج التدريبية التي يمكن أن يشارك بها مرءوسوك ☐
- ب- تترك الأمر له ليفعل ما يراه مناسباً ☐

6- **عند اتخاذ قرارات مهمة هل:**

أ- تستشير مرءوسيك ☐

ب- تأخذ القرارات بمفردك ☐

7ـ إذا حدثت تعديلات رئيسة في نظام العمل في إدارتك هل:

أ- تعقد اجتماعاً لتشرح هذه التعديلات بنفسك ☐

ب- تصدر منشوراً بذلك وتعممه ☐

8ـ هل تفوض بعض سلطاتك لمرءوسيك إذا تطلب الأمر:

أ- نعم ☐   ب- لا ☐

9ـ هل تمدح أو تكرم أحد مرءوسيك إذا أخلص في عمله أو حقق انجازاً طيباً فيه:

أ- نعم ☐   ب- لا ☐

10ـ هل تشعر بأنك عادل بين مرءوسيك؟

أ- نعم ☐   ب- لا ☐

11ـ هل تطبق سياسة «فرق تسد» بين مرءوسيك؟

أ- نعم ☐   ب- لا ☐

التعليمات:

1- أعط لنفسك درجتان في حالة الإجابة (أ) ما عدا السؤال رقم 11 أعط لنفسك درجتين في حالة الإجابة (ب).

2- أعط لنفسك درجة واحدة في حالة الإجابة (ب) ما عدا السؤال رقم (11) أعط لنفسك درجة واحدة في حالة الإجابة (أ).

3- أجمع درجاتك عن جميع الأسئلة.

تفسير النتائج:

أ- إذا حصلت على 19 - 22 درجة فأنت قائد ناجح في عملك، ورئيس فعال مع

85

مرءوسيك، تراعي دستور العلاقات الإنسانية في قيادتك للآخرين، استمر على هذا الأسلوب في القيادة وسوف يكون لك مستقبل باهر في مؤسستك.

ب - إذا حصلت على 15 - 18 درجة فأنت قائد ناجح في عملك بدرجة متوسطة فأنت تراعي بعض وصايا دستور العلاقات الإنسانية وتترك البعض الآخر حاول أن تتعرف عليها وتضعها في اعتبارك في المواقف القادمة.

ج - إذا حصلت على 11 - 14 درجة فأنت لست قائداً وأسلوبك في القيادة غير ناجح وغير فعال، بل أنك أحياناً تصطنع المشكلات في العمل وعلاقاتك بمرءوسيك ليست جيدة انتبه لذلك فإن دوام الحال من المحال فقد تجد نفسك في يوم من الأيام خارج السلطة لفشلك في القيادة، لابد لك أن تلتزم بدستور العلاقات الإنسانية في تعاملك مع مرءوسيك، اتجاهاً وسلوكاً.

ننصحك بالاشتراك في برنامج تدريبي عن «تنمية مهارات القيادة» وأن تقرأ عن صفات القائد الناجح والقيادة الديمقراطية.

استقصاء

القيادة الإدارية

ضع علامة (✓) تحت العمود الذي ترى أنه يصف تصرفك عند القيام بكل من مهام القيادة الإدارية المذكورة:

العبارة	1 أبذل جهدي لتجنب القيام بذلك	2 أميل إلى تجنب القيام بذلك	3 أميل إلى القيام بذلك	4 أبذل جهدي للقيام بذلك
1- متابعة المرؤوسين متابعة دقيقة لتحقيق أحسن النتائج.				
2- التحدث يومياً مع المرؤوسين للتعرف على احتياجاتهم.				
3- وضع أهداف وإخطار المرؤوسين بإيجابياتها وما قد يترتب عليها من آثار سلبية.				
4- تشجيع المرؤوسين على وضع أهدافهم بأنفسهم.				
5- التأكد من أن المرؤوسين يعملون حسب خطة موضوعة.				
6- شرح ومناقشة الأهداف وتشجيع المرؤوسين على التخطيط لتنفيذها.				
7- الضغط على المرؤوسين لتنفيذ الخطة وتحقيق الأهداف.				

				8- وضـع أسـس للتأكـد مـن قيـام المرؤوسين بتنفيذ الأعمال المسندة إليهم والتدخل إذا تبين أن العمل لا يسير بالصورة المطلوبة.
				9- التحدث يومياً مع المرؤوسين لمعرفة مشكلات العمل، والعمل على حلها معهم.
				10- أقـوم بتحفيـز المرؤوسـين بمختلـف أنواع التحفيز المتاحة والممكنة.
				المجموع الكلي =

تفسير النتائج:

1- إذا حصلت على 31 درجة فأكثر فأنت قائد إداري متميز.

2- إذا حصلت على 21-30 درجة فأنت قائد إداري متوسط.

3- إذا حصلت على 11-20 فأنت لست قائداً إدارياً.

4- إذا حصلت على 10 درجات فأقل فأنت عنصر معوق في المنظمة التي تعمل بها.

الفصل الخامس

الإدارة والقيادة في الإسلام

أشتمل هذا الفصل على:

- 📖 مقدمة.
- 📖 أولاً: مبادئ الإدارة في الإسلام.
- 📖 ثانياً: القيادة في الإسلام.
- 📖 ثالثاً: السلوك الوظيفي.
- 📖 استقصاء: هل أنت ذو أخلاق حميدة ؟
- 📖 استقصاء: هل أنت مخلص في عملك ؟

مقدمة

القيم Values والأخلاقيات Ethics أشياء مهمة في حياة أي فرد وجماعة ومنظمة ومجتمع، من منطلق عدة أسباب، منها على سبيل المثال: أنها عنصر موجه للسلوك الإنساني، ولها دور في اختيار الوسائل والغايات، بل وتساهم في عملية التنبؤ بهذا السلوك.

ولا شك في أن القيم والأخلاقيات في كل مجتمع هي نتاج تطور تاريخي طويل، لهذا فهي ضرورية في تكوين المجتمع، وفي الاستقرار والمحافظة على حياته الاجتماعية.

ويشير كل من القرآن الكريم والسنة النبوية الشريفة - في أكثر من موقع - إلى الأخلاقيات والتوجهات الفكرية التي تنفع الإنسان في الدنيا والآخرة، ويشير سيد الهواري بأن الممارسات قد علمتنا بأن الالتزام بهذه الأخلاقيات يجعل المنظمة - سواء في الحياة أو العمل أو المنزل - قوية متماسكة مبنية على الثقة والاحترام المتبادل.

وبالرغم من أن «علم الإدارة» - باعتباره معرفة مصنفة في شكل مبادئ إدارية - قد بدأ مع كتابات وأفكار فريدريك تايلور Fredric Taylor إلا أن الدارس للديانات السماوية - كما يشير إلى ذلك سيد الهواري - يكتشف أن أصول الإدارة قد بدأت منذ آلاف السنين ولاسيما في مجال الأخلاقيات والسلوك.

وقد قام عدد غير قليل بتتبع آيات القرآن الكريم والأحاديث النبوية الشريفة والتاريخ الإسلامي - وعلى رأس هؤلاء أحمد إبراهيم أبو سن وسيد الهواري وحسن العناني وحسن الشافعي - لتحديد ملامح ومبادئ ونظريات الإدارة من منظور إسلامي.

هذا ويمكن القول بأن الإسلام قد نفذ إلى لب العملية الإدارية والمشكلة الإدارية، وذلك من خلال الإشارة على سبيل المثال إلى مجموعة من المبادئ والقيم والسلوكيات التي يجب أن يسترشد ويلتزم بها القادة والبشر في مختلف مجالات الحياة بما فيها مجال العمل الإداري.

أولاً: مبادئ الإدارة في الإسلام:

أكد الإسلام على العديد من المبادئ التي يجب الالتزام بها عند تفاعل البشر فيما بينهم، وعند تولي جزء منهم تدبير شؤون الحياة في المجتمع، من هذه المبادئ نذكر:

1- مبدأ العدالة:

يقول الله سبحانه وتعالى: "يا أيها الذين آمنوا كونوا قوامين لله شهداء بالقسط ولا يجرمنكم شنآن قوم على ألا تعدلوا اعدلوا هو أقرب للتقوى واتقوا الله إن الله خبير بما تعملون (8)" (المائدة: 8).

2- مبدأ التعاون:

يقول الله سبحانه وتعالى: وتعاونوا على البر والتقوى ولا تعاونوا على الإثم والعدوان واتقوا الله إن الله شديد العقاب (2) (المائدة: 2)، ويقول الرسول ﷺ: «من نفس عن مؤمن كربة من كرب الدنيا نفس الله عنه كربة من كرب يوم القيامة، ومن يسر على معسر يسر الله عليه في الدنيا والآخرة، ومن ستر مسلماً ستره الله في الدنيا والآخرة، و الله في عون العبد ما كان العبد في عون أخيه».

3- مبدأ احترام الوقت:

ورد الحديث عن الوقت في القرآن الكريم مرات عديدة، وكلها تشير إلى أهميته في حياة الإنسان، نذكر منها: چۇئۇەئەبەبھچ (النساء: 103). ويقول الرسول ﷺ: «اغتنم خمساً قبل خمس: حياتك قبل موتك، وصحتك قبل سقمك، وفراغك قبل شغلك، شبابك قبل هرمك، وغناك قبل فقرك».

4- مبدأ المساواة:

يقول الله سبحانه وتعالى" إن الصلاة كانت على المؤمنين كتابا موقوتا (103)" (الحجرات: 13)،

" إنما المؤمنون إخوة" (الحجرات: 10)، ويقول الرسول ﷺ: «لا فضل لعربي على عجمي ولا لقرشي على حبشي إلا بالتقوى».

ثانياً: القيادة في الإسلام:

حدد الإسلام سلوكيات القادة بشكل واضح صريح، نظراً لأهميتهم في قيادة أي مجتمع وإحداث التغيير المطلوب فيه، ومن هذه السلوكيات نذكر:

1- سيادة التشريع الإلهي:

على القادة الالتزام بالقانون الإلهي المتمثل في كتاب الله وسنة رسوله ﷺ، يقول الله سبحانه وتعالى: "إن الحكم إلا لله أمر ألا تعبدوا إلا إياه ذلك الدين القيم ولكن أكثر الناس لا يعلمون (40) "يوسف (يوسف: 40)، "إنا أنزلنا إليك الكتاب بالحق لتحكم بين الناس بما أراك الله ولا تكن للخائنين خصيما (105) "(النساء: 105).

2- الشورى:

يقول الله سبحانه وتعالى: "وشاورهم في الأمر"(آل عمران: 159). "وأمرهم شورى بينهم" (الشورى: 38).

3- اللين وعدم القسوة:

يقول الله سبحانه وتعالى:" ولو كنت فظا غليظ القلب لانفضوا من حولك" (آل عمران: 159).

4- التقوى:

يقول الله سبحانه وتعالى: " واتقوا الله إن الله خبير بما تعملون" (المائدة: 8). "إن الله يحب المتقين"(التوبة: 4).

92

5- **تحمل المسؤولية:**

يقول الرسول ﷺ «كلكم راع وكلكم مسئول عن رعيته: الإمام راع ومسؤول عن رعيته ... ». (رواه البخاري).

6- **كراهية الحرص على الولاية:**

يقول الرسول ﷺ « يا عبد الرحمن بن سمرة: لا تسأل الإمارة فإنك إن أعطيتها عن مساءلة وكلت إليها، وإن أعطيتها عن غير مساءلة أعنت عليها » (صحيح مسلم).

ثالثاً: السلوك الوظيفي:

وضع الإسلام إطاراً للسلوك الوظيفي مبنياً على عدة أسس مثل:

1- **جودة الأداء:**

يقول الرسول ﷺ: «إن الله يحب إذا عمل أحدكم عملاً أن يتقنه» في كنز العمال عن عائشة ﻝ برقم (9128).

2- **عدم ظلم الآخرين:**

يقول الله سبحانه وتعالى: " فأوفوا الكيل والميزان ولا تبخسوا الناس أشياءهم ولا تفسدوا في الأرض بعد إصلاحها ذلكم خير لكم إن كنتم مؤمنين(85) (الأعراف: 85).

3- **التيسير على الناس وتقليل التكاليف:**

يقول الله سبحانه وتعالى: " يريد الله بكم اليسر ولا يريد بكم العسر" (البقرة: 185)، لا يكلف الله نفسا إلا وسعها " (البقرة: 286)، ويقول الرسول ﷺ «بشروا ولا تنفروا، ويسروا ولا تعسروا».

4- **اجتناب الغش:**

يقول الرسول ﷺ «من غشنا فليس منا».

5- **الصدق في القول والعمل:**

يقول الـلـه سبحانه وتعالى: والموفون بعهدهم إذا عاهدوا والصابرين في البأساء والضراء وحين البأس أولئك الذين صدقوا وأولئك هم المتقون (177) (البقرة: 177).

6- **الوفاء بالعهد والوعد واليمين:**

يقول الـلـه سبحانه وتعالى: "يا أيها الذين آمنوا أوفوا بالعقود "(المائدة:1). ﭽﯙﯚﯛﯜﯝﯞﯟﯠﭼ (الإسراء: 34). ويقول الرسول ﷺ «آية المنافق ثلاث: إذا حدث كذب، وإذا وعد أخلف، وإذا ائتمن خان».

7- **البشاشة والابتسامة:**

يقول الـلـه سبحانه وتعالى: ﭽﮪﮫﮬﮭﮮﮯﮰﭼ (البقرة: 195). ويقول الرسول ﷺ: «تبسمك في وجه أخيك صدقة».

استقصاء:

هل أنت ذو أخلاق حميدة ؟

كـل الأديان السماوية طالبت الإنسان أن يتصف بالأخلاق الحميدة Good Ethics، ووضعت له هذه الأخلاق والنتائج الإيجابية المرتبة على إتباعها.

ومن أمثلة هذه الأخلاق الحميدة:

- الكلمة الطيبة
- الصدق
- العفة
- التسامح
- الأمانة الحب
- مساعدة الآخرين
- التعاون

يقول الرسول ﷺ: «أقربكم مني منازل يوم القيامة أحسنكم أخلاقاً ..»، كذلك يقول: «اتق اللـه حيثما كنت ، وأتبع السيئة الحسنة تمحها، وخالق الناس بخلق حسن».

ومن أمثلة الأخلاق غير الحميدة Bad Ethics أو الرذائل التي يجب علينا أن نبتعد عنها، لأنها تبعدنا عن اللـه وتجعل الناس في حالة كراهية معنا:

- الكلمة الخبيثة
- الكذب
- الكراهية
- الغيبة
- النميمة
- الخيانة
- شهادة الزور
- السرقة

يقول الله سبحانه وتعالى: فمن يعمل مثقال ذرة خيرا يره (7) ومن يعمل مثقال ذرة شرا يره (8) (الزلزلة: 7 - 8).

إذا أردت أن تعرف هل أنت ذو أخلاق حميدة أم لا ؟ من فضلك أجب عن هذا الاستقصاء بكل صدق وشجاعة مع النفس .

الاستقصاء:

1- هل ينطلق لسانك بالسباب عندما يخطئ في حقك أحد؟

نعم ☐   أحياناً ☐   لا ☐

2- هل تتسم تصرفاتك بالعدوان في معظم المواقف ؟

نعم ☐   أحياناً ☐   لا ☐

3- هل أنت شرس في تعاملاتك مع الآخرين ؟

نعم ☐   أحياناً ☐   لا ☐

4- هل تتشاجر كثيراً مع زملائك ؟

نعم ☐   أحياناً ☐   لا ☐

5- هل أنت كثير الخصام ؟

نعم ☐   أحياناً ☐   لا ☐

6- هل تتمرد على الآخرين عندما تغضب منهم ؟

نعم ☐   أحياناً ☐   لا ☐

7- هل تتعمد إفساد أو تحطيم بعض ما يعتز به الآخرون من أشياء عندما تكون في خصام معهم أو غضب منهم ؟

نعم ☐   أحياناً ☐   لا ☐

8- هل تسخر وتتهكم من الناس في كثير من المواقف ؟

نعم ☐   أحياناً ☐   لا ☐

9- هل تحب عمل المقالب في الآخرين ؟

نعم ☐   أحياناً ☐   لا ☐

10- هل تتسم بالعنف في مواقف اللعب ؟

نعم ☐   أحياناً ☐   لا ☐

11- هل تعتدي على الآخرين بالضرب في مواقف الانفعال والغضب ؟

نعم ☐   أحياناً ☐   لا ☐

12- هل تشيع عن الآخرين صفات سيئة ليست فيهم ؟

نعم ☐   أحياناً ☐   لا ☐

13- هل تغتاب الآخرين في غيابهم ؟

نعم ☐   أحياناً ☐   لا ☐

14- هل تقوم بتهديد الآخرين في لحظات غضبك ؟

نعم ☐   أحياناً ☐   لا ☐

15- هل ترفض مساعدة الآخرين من منطلق أنهم لا يستحقوا تلك المساعدة؟

نعم ☐   أحياناً ☐   لا ☐

التعليمات:

1- أعط لنفسك درجة واحدة في حالة الإجابة بـ «أحياناً» عن جميع الأسئلة.

2- أعط لنفسك درجتان في حالة الإجابة بـ «لا» عن جميع الأسئلة.

3- اجمع جميع درجاتك عن كل الأسئلة.

تفسير النتائج:

1- إذا حصلت على 21 درجة فأكثر فأنت تتحلى بكثير من الأخلاق الحميدة، وهذا سوف يجلب لك مرضاة اللـه وحب الناس لك، ننصحك بالاستمرار على نفس المنهاج وأن تضيف قيم وصفات حميدة أخرى لرصيدك.

-2 إذا حصلت على 20 - 11 درجات فأنت شخص لديك بعض الأخلاق الحميدة وبعض الأخلاق غير الحميدة، حاول أن تصلح من نفسك، وأن تراجعها وتحول كل طاقتك الإنسانية تجاه الأخلاق الحميدة.

-3 إذا حصلت على 10 درجات فأقل ، فأنت تتصف في معظم تصرفاتك بالأخلاق غير الحميدة، لابد أن تقف مع نفسك وقفة واضحة وقوية، وأن تحول زاوية بحياتك 180 درجة من الشر إلى الخير، من الكراهية إلى الحب، من الكلمة الخبيثة إلى الكلمة الطيبة، ونقول لك حاسب نفسك قبل تُحاسَب.

يقول اللـه سبحانه وتعالى: "إن اللـه لا يغير ما بقوم حتى يغيروا ما بأنفسهم "(الرعد: 11).

استقصاء:

هل أنت مخلص في عملك ؟

الإخلاص في العمل أحد الطرق المؤدية إلى النجاح في حياتك العملية. والإنسان الذي يراقب نفسه يخلص في عمله دون انتظار محاسبة الآخرين له. وإخلاصك في عملك يدل على درجة حبك له، ومدى ولائك للمؤسسة التي تعمل بها. ومن صفات العمل الصالح إخلاصك فيما تقوم به، وتأديته على خير وجه. ويقول اللـه سبحانه وتعالى: وأما الذين آمنوا وعملوا الصالحات فيوفيهم أجورهم و اللـه لا يحب الظالمين (57) (آل عمران: 57). ويقول الرسول ﷺ: «إن اللـه يحب إذا عمل أحدكم عملاً أن يتقنه».

إذا أردت أن تعرف هل أنت مخلص في عملك أم لا ؟ يرجى الإجابة عن هذه الأسئلة .

الاستقصاء:

1- هل تحضر أحياناً إلى عملك متأخراً عن موعد الحضور ؟

نعم ☐ أحياناً ☐ لا ☐

2- هل تقرأ الصحف أو المجلات أثناء وقت العمل ؟

نعم ☐ أحياناً ☐ لا ☐

3- هل تستخدم آلة تصوير المستندات الموجودة في عملك في تصوير أغراض شخصية ؟

نعم ☐ أحياناً ☐ لا ☐

4- هل تقوم بإجراء مكالمات تليفونية شخصية أثناء وقت العمل؟

نعم ☐ أحياناً ☐ لا ☐

5- هل تؤجل عمل اليوم إلى الغد ؟

نعم ☐ أحياناً ☐ لا ☐

6- هل نأخذ بعض القرطاسية الخاصة بالمؤسسة (أوراق ، أقلام ،....) لتستخدمها في منزلك أو لأبنائك ؟

نعم ☐   أحياناً ☐   لا ☐

7- هل تترك عملك في بعض الأحيان أثناء وقت العمل لتنجز بعض المصالح الشخصية؟

نعم ☐   أحياناً ☐   لا ☐

8- هل تتحدث عن أسرار عملك إلى آخرين (أصدقاء، مؤسسة أخرى،....)؟

نعم ☐   أحياناً ☐   لا ☐

9- إذا جاء لك صديق أو ضيف في مكان عملك وتحدث معك في أمور لا تتعلق بالعمل هل ترحب بذلك ؟

نعم ☐   أحياناً ☐   لا ☐

10- هل ترى زميلاً لك في العمل يتمارض كثيراً، هل تفكر أن تفعل مثله؟

نعم ☐   أحياناً ☐   لا ☐

11- هل تنصرف أحياناً مبكراً عن موعد الانصراف ؟

نعم ☐   أحياناً ☐   لا ☐

12- هل تأتي مبكراً عن موعد الحضور أو تبقى بعد موعد الانصراف لإنجاز عمل مطلوب منك على وجه السرعة، دون أن تكون هناك ساعات إضافية تحصل عليها ؟

نعم ☐   أحياناً ☐   لا ☐

13- هل تساعد زميلاً لك إذا احتاج هذه المساعدة ؟

نعم ☐   أحياناً ☐   لا ☐

التعليمات:

1- أعط لنفسك درجتان في حالة الإجابة بـ «لا» ودرجة واحدة في حالة الإجابة بـ «أحياناً» عن كل الأسئلة، ماعدا السؤالين 12 و 13 أعط لنفسك درجتان في حالة الإجابة بـ «نعم»، أو درجة واحدة في حالة الإجابة بـ «أحياناً».

2- أجمع درجاتك عن جميع الأسئلة.

تفسير النتائج:

أ- إذا حصلت على 18 درجة فأكثر، فأنت مخلص جداً في عملك. من الواضح إنك تحب عملك بشكل كبير، وتراقب نفسك فيه، وترفض التداخل بين عملك وحياتك الخاصة أو الأسرية ننصحك بالاستمرار على هذا المنوال.

ب- إذا حصلت على 9 - 17 درجة فأنت مخلص في عملك بدرجة متوسطة ننصحك بزيادة حبك وإخلاصك للعمل وهذا أمر ليس صعباً عليك.

ج- إذا حصلت على 8 درجة فأقل فأنت غير مخلص في عملك، العمل عندك عبء ثقيل، اتجاهاتك نحو العمل سلبية، ولاؤك للمؤسسة التي تعمل بها ضعيف، تستغل موارد المؤسسة لحسابك الشخصي، ننصحك بأن تبدأ صفحة جديدة مع نفسك ومع مؤسستك ومع عملك، وأن يكون لديك تصميم قوي لأن تخلص في عملك، ابدأ أولاً بعدم استغلال موارد المؤسسة لحسابك الخاص، أنجز الأعمال المطلوبة منك، جرب ذلك عدة أيام ستجد نفسك راضياً، ويستريح ضميرك بعض الشيء، استمر على ذلك حتى تصنف نفسك ضمن المخلصين في العمل.

الفصل السادس

نظريات ومدارس القيادة

أشتمل هذا الفصل على:

- 📖 نظريات الرجل العظيم.
- 📖 نظريات السمات.
- 📖 المداخل التي تركز على السلطة والنفوذ.
- 📖 النظريات السلوكية.
- 📖 نظريات القيادة الموقفية.
- 📖 نظرية الاحتمالات.
- 📖 تمرين .

استخدم كرينر Crainer طريقة مبسطة ولكنها ليست أكاديمية إلى حد كبير في تصنيف المداخل المختلفة لدراسة القيادة، فقام بتقسيم المدارس الفكرية المختلفة التي تناولت هذا الموضوع إلى التصنيفات التالية:

1- نظريات الرجل العظيم:

وهي من النظريات الأولى في القيادة، وتفترض أن التغيرات في الحياة الجماعية والاجتماعية تتحقق عن طريق أفراد ذوي قدرات ومواهب عظيمة وخصائص عبقرية غير عادية تجعل منهم قادة أيا كانت المواقف الاجتماعية التي يواجهونها. بمعنى أن هذه النظريات ترتكز على الاعتقاد بأن القادة هم أشخاص استثنائيون يتمتعون بصفات فطرية خاصة منذ ولادتهم، وهم قد خلقوا لكي يكونوا قادة. وقد اتضحت بالفعل الطبيعة المضللة لهذا المدخل. ومن أشد دعاة هذه النظرية فرانسيس جالتون F. Galton .

2- نظريات السمات:

هناك قوائم عديدة تضم السمات أو الخصائص المرتبطة بالقيادة ومازال الباحثون يصدرون قوائم مماثلة. وهذه القوائم تضم بالفعل جميع الصفات الإنسانية الإيجابية أو الفاضلة التي يمكن أن توجد في المعاجم بدءاً من الطموح إلى الإقبال على الحياة.

3- المداخل التي تركز على السلطة والنفوذ:

هذه المداخل تركز على استخدام السلطة والنفوذ وتفترض أن اتخاذ القرارات يتم بشكل مركزي وأن المرؤوسين يقومون بدور سلبي في هذه العملية.

4- النظريات السلوكية:

تركز هذه النظريات على ما يفعله القادة فعلا أكثر من تركيزها على صفاتهم. كما أن هناك أنماطاً سلوكية عديدة قد تمت ملاحظتها وتصنيفها باعتبارها نماذج لأساليب

القيادة. وهذا الجانب ربما يكون من أكثر الجوانب التي تحظى باهتمام مديري الشركات العاملين.

5- نظريات القيادة الموقفية:

ينظر هذا المدخل إلى القيادة باعتبارها عملية ترتبط نسبياً بالموقف الذي تمارس فيه. فالقيادة العسكرية مثلا قد تتطلب مهارات، وصفات وسلوكيات تختلف عن تلك المهارات والصفات التي ترتبط بالقيادة الناجحة في الصناعة أو الدين مثلاً.

6- نظرية الاحتمالات:

تعد هذه النظرية تعديلا لنظرية القيادة الموقفية وتركز على التعرف على متغيرات الموقف التي يمكن من خلالها التنبؤ بأسلوب القيادة الأنسب أو الأكثر فاعلية في ظروف معينة.

وكنموذج على هذه النظريات، سيتم إلقاء الضوء على كل من نظريات السمات والنظريات الموقفية. ويشرح عبد الغفار حنفي هذه النظريات كالتالي:

أولاً: نظريات السمات والخصائص Trait Theories:

مصطلح السمات يشير إلى الخصائص أو المواصفات المميزة للقائد. هذا ولقد تم استخدام السمات والخصائص الشخصية لفترة طويلة لتفسير القيادة الناجحة والفعالة. لذلك كانت تركز الإدارة على هذا المدخل في اختيار المديرين الجدد، واعتبر هذا المدخل أو الأسلوب فعال كأي أسلوب آخر للاختيار - لذلك اهتم الباحثون بهذا الموضوع وحدث بينهم اختلاف، حيث يوجد بينهم اتفاق عام حول المؤهلات والشروط الخاصة بالقيادة - أو بمعنى آخر ما هي الخصائص التي ينبغي أن يمتلكها القائد في المنظمة. ومن أهم الخصائص والسمات التي يجب أن تتوافر في المديرين كقادة ما يلي:

1- **القدرة على حفز وتشجيع الأفراد:** حيث يشترط أن يكون القائد ملهماً لتابعيه، فمثلاً، أن القائد الفعال هو الذي يحفز الأفراد ذو الأداء المتوسط إلى الأداء المرتفع أو غير العادي - ولكن هذا قد يتحقق لدى جماعة العمال من خلال التشجيع على التفاني والإخلاص في العمل.

2- **القدرة على الاتصال:** المهارات الاتصالية غير العادية للقائد والتي تعني قدرته على نقل وتوصيل الفكرة بكفاءة. ويتم هذا بطريقة شفوية في العادة وقد استخلص Stogdill من دراسته أن القيادة تتصف بالذكاء الاتصالي، ولديها القدرة على التقدير والتبصر وإمكانيات الكلام المقنع.

3- **القدرة على الإقناع:** يجب أن يتصف القائد بالمقدرة الفائقة على الإقناع، ولديه الثقة في الأهداف التي يعرضها ويقدر المرءوسين هذه الثقة ولديهم الإحساس بذلك، وفي مثل هذه الحالة - فإنهم يكونون على علم بأنه مهتم بالضرورة بالمركز الذي يحتله وبالأدوار التي يقوم بها. وقد اتضح لـ Ghiselli أن القادة الذين لديهم نزعة التصرف بحرية واستقلالية ولديهم الثقة في أنفسهم هم أكثر نجاحاً في تحقيق الأهداف التنظيمية عن أولئك الذين لا تتوافر فيهم هذه الصفات.

4- **غرس الثقة في الآخرين:** يتطلع المرءوسين إلى معاونة القائد، ونصيحته، وآرائه ليس فقط في مجال العمل وإنما أيضاً فيما يتعلق بمشاكلهم الشخصية. يجب أن يشعر المرءوسين بأن قائدهم هو ذلك الشخص الذي يمكنهم اللجوء إليه دائماً والتحدث معه - فلديهم الثقة به وبقدرته على توجيههم في الاتجاه السليم - وأنه يشعر بآدميتهم حتى وهم داخل الشركة.

5- **تفويض السلطة والثقة بالمرءوسين:** القائد الناجح هو الذي يدرك جوانب القوة والضعف في مرءوسيه والحدود أو المدى التي يمكن للمرءوس الاضطلاع بها من مهام. فهو يؤمن بإخلاصهم وولائهم وتعاونهم ويتوقع المزيد منهم - فالتوجيه من خلال إدراكه بمقدرتهم، يتطلب أن يعرفوا اعتقاده وإحساسه نحوهم - وقد اعتقد Fiedler أن القادة الناجحون لديهم مقدرة أو مدركاً احساسياً أعلى من

غيرهم. حيث اتضح له أن المشرفين الأكفاء الأكثر حساسية للتمييز بين العامل الجيد والسيئ من أولئك الأقل كفاءة، أي أن امتلاك مدرك الإحساس لدى القائد - تجعله ينجح في إنجاز وتحقيق الأهداف من خلال الآخرين.

6- **القدرة على اتخاذ القرارات:** بعد جمع المعلومات والحقائق حول الجوانب المختلفة للموقف. فإن الإداري الناجح يشغل تفكيره بسرعة حول الإجراء الفعال الذي يجب اتخاذه وينفذه.

ووفقاً لمدخل السمات أو الخصائص والذي يفترض أن الشخص الطموح، والذي يمتلك الثقة في نفسه، والذكاء، والمقدرة على الإدراك، والقدرة على البت واتخاذ القرار لديه فرصة أكبر في نجاحه كقائد، ولكن هذا المدخل ينطوي على كثير من العيوب:

1- أن نظرية السمات لم تحدد الأهمية النسبية أو الأوزان النسبية لمختلف هذه الخصائص.

2- تجاهلت هذه النظرية تأثير وأهمية المرءوسين على نتائج القيادة.

3- لم تفرق هذه النظرية بين السمات المطلوبة للوصول إلى الهدف وتلك الضرورية للحفاظ على وضع أو مركز القيادة.

4- تنظر هذه النظرية إلى أن العوامل البيئية لا تؤثر في تنمية واستمرارية القيادة.

ثانياً: النظريات الموقفية Situational Theories:

تعني هذه النظريات أن كل شيء يتوقف على الموقف - فهي نظرية شرطية - حاول أصحاب النظرية صياغة مدخل للقيادة بالتركيز على كفاءة ومقدرة القائد للتكيف مع الظروف، والتي تشمل العوامل البيئية التي يصعب عليه التحكم فيها، والافتراض بأن القائد هو ذلك الشخص الذي يستطيع التكيف والتواءم في ظل الظروف المتغيرة.

فالجانب الأساسي المركز عليه في نظرية الشرطية أي الموقفية هما القائد، الجماعة، الموقف. فمتغير الموقف له أهمية كبيرة في تحديد من هو القائد الذي يمكنه إنجاز أهدافه.

بدأت هذه النظرية منذ عام 1948 عندما ذكر Stogdill أنه أصبح واضحاً أن التحليل المنطقي للقيادة لا يقتصر على القادة وإنما لا بد من التطرق للمواقف. وقد اتضح من الدراسة التجريبية التي قام بها Bavelas أن التعرف على القادة يتم إلى حد كبير من خلال المراكز الإستراتيجية التي يشغلونها في شبكة الاتصالات، أكثر مما يعتمد على السمات الشخصية للقادة.

من دراسات Fiedler والتي ركز فيها على فعالية القيادة - من خلال دراسات العلاقات بين الجماعات، توصل إلى نموذج لفعالية القيادة - حيث تشتمل العوامل الموقفية:

أ - نفوذ المركز .

ب- نمط العمل أو المهمة.

ج- العلاقة بين القائد والجماعة.

وتوضيح ذلك كما يلي:

1ـ نفوذ المركز أو الوظيفة Position Power:

يتصل ذلك بالسلطة أو النفوذ أو التأثير المتولد عن المركز، يشمل هذا الحق في التعيين والفصل، وزيادة الراتب والترقية أو التوصية بذلك وكذلك مركز المدير داخل الهيكل التنظيمي، ومدى التأييد الذي يحصل عليه من رؤسائه. وقد بدأ استخدام مفهوم نفوذ أو سلطة الوظيفة أو المركز منذ عام 1961 بواسطة Etzioni - حيث يرى أن النفوذ هو ناتج في جزء منه من المركز داخل التنظيم والآخر من التأثير الشخصي.

2 ـ نمط الوظيفة The Task Structure:

فعالية القيادة هي دالة المدى روتينية العمل الذي يقوم به التابع أو مدى تغيره - فحسب طبيعة الأعمال - نجد أن بعض المهام من السهل تحديدها بوضوح، وتنفيذ هذه المهام، وتقييم الإنجاز بطريقة موضوعية، بينما البعض الآخر كالأعمال الإدارية والابتكارية حيث يصعب تحديدها وقياس نتائجها.

3ـ العلاقة بين القائد وجماعة العمل Leader - Member Relationship :

تتوقف فعالية القيادة على نمط وشكل العلاقة الشخصية بين القائد وأعضاء جماعته - فمثل هذا النوع من العلاقة إنما هو انعكاس لمدى ثقة المرءوسين في قائدهم ودرجة إخلاصهم له وأيضاً تعبير عن وجهة نظر القائد تجاه مجموعته. إذا كانت العلاقات تفاعلية قائمة بين القائد ومجموعته فهذا مؤشر على كفاءة وفاعلية القيادة أما إذا حدث العكس فالاحتمال هو تناقص فاعلية القيادة.

ففي إحدى الدراسات التي تمت أخيراً وشملت 88 شركة - أوضح Wofford خمسة عوامل موقفية مستقلة تؤثر في فاعلية القيادة وهي:

1- درجة مركزية اتخاذ القرار.
2- درجة تعقد التنظيم.
3- حجم التنظيم.
4- هيكل وتركيب جماعة العمل ذاتها.
5- المستويات التنظيمية والاتصال.

يصلح التفاعل المركب أو التزاوجي بين متغيرات الموقف وسلوك القائد، كمدخل للنظرية الشرطية أو الموقفية فهي تزودنا بالأسلوب التحليلي المناسب لتفهم القيادة كما هي موجودة بالمنظمات.

وبهذا الشكل نجد أن نظريات السمات أو الخصائص ونظريات الموقف يعطيا رؤية أفضل للقيادة عما لو استخدمت أي منهما منفردة عن الآخرين.

من خلال أسلوب المدير في القيادة والتوجيه يمكن تصور إلى حد كبير اتجاهاته نحو مركزه ومرءوسيه. فالنمط القيادي ذو علاقة مباشرة بمنهجه أو فلسفته الشخصية في الإدارة ولا شك أن هذا يتأثر في جزء منه بنمط وفلسفة رؤسائه المباشرين في الإدارة.

تمريـــن
نظريات القيـادة

هناك العديد من النظريات التي حاولت تفسير ظاهرة القيادة، تم شرح معظمها آنفاً .

تمرين:

1- ما هي النظرية التي تتفق معها ؟

....
....
....
....
....

2- لماذا اخترت هذه النظرية ؟

....
....
....
....
....

الفصل السابع

أنماط القيادة

أشتمل هذا الفصل على:

- 📖 مقدمة.
- 📖 تصنيفات / أنماط القيادة.
- 📖 العوامل التي تساعد على اختيار النمط القيادي المناسب.
- 📖 حالة دراسية: النمر الذي لا يمكن الاستغناء عنه.

مقدمة

يقصد «بالنمط»: السلوك المتكرر للشخص، ونمط القائد أو المدير هو السلوك المتكرر له عبر فترة طويلة من الزمن من خلال خبراته، وتعليمه وتدريبه، وتجدر الإشارة إلى أن نمط المدير ليس النمط الذي يراه في نفسه، ولكن هو سلوكه من منظور المرؤوسين، فالعبرة هنا - كما يشير أسامة فريد - بما يراه مرؤوسيك فيك، لأنهم سيتعاملون معك على حسب رؤيتهم لسلوكك، لذلك من الأهمية بمكان أن يعرف كل مدير نمطه كما يتصوره الآخرون.

ولكن المشكلة - يا عزيزي المدير - أن هذه المعلومات التي تطلبها من الآخرين لمعرفة نمطك من وجهة نظرهم صعب الحصول عليها، ولا سيما في مجال العلاقة الرئاسية بينك وبينهم، لذلك قد يكون الاستقصاء الموجود في هذا البرنامج فرصة لمعرفة الاتجاه العام في نمطك القيادي.

ونُصر هنا على مقولة الاتجاه العام للنمط، فلا يوجد نمط ثابت للشخص لا يحيد عنه وإنما يكون للشخص عدة أنماط، وفي هذه الحالة سيكون هناك «نمط سائد» Dominant، أي الطابع العام له، وله نمط آخر يظهر في حالات معينة فقط يطلق عليه «النمط المستتر» والذي يستدعيه في هذه الحالات.

باختصار يمكن أن نرى النمط القيادي بأنه تعبير عن سلوك المدير تجاه جميع أطراف الموقف الذي يجابهه، وكذلك الأهداف المرتبطة بهذا الموقف، وعليه فإن النمط القيادي كسلوك هو محصلة التفاعل الذي يحدث بين جميع المهارات السلوكية.

تصنيفات / أنماط القيادة

هناك تصنيفات عديدة لأنماط القيادة نذكر منها على سبيل المثال:

جدول رقم (4)

بعض أنماط القيادة وخصائصها الرئيسية

نمط القيادة	خصائصها
الديكتاتورية «الأوتوقراطية»	القائد المستبد - القائد السلطوي - ينفرد بالسلطة لا توجد شورى - لا يوجد حوار جماعي متبادل إلا في النادر القليل - لا يتم منح المرؤوسين أي قدر من التفويض والسلطة - مركزية القرارات - ينسب النجاح لنفسه ويقلل من جهود الآخرين ويلقي بالفشل على التابعين.
البيروقراطية	ينبغي إنجاز العمل المحدد وفقاً للطريقة أو الأسلوب الذي سبق تحديدها، لذلك تتم الرقابة بدقة للتحقق من أن العامل/الموظف يؤدي العمل وفقاً للطريقة المفروضة. وتتم الرقابة من جانب السلطة الأعلى. وتتخذ القرارات مركزياً من جانب المدير / القائد.
الفوضوية	القائد السائب - القائد مطلق العنان. يستخدم الحد الأدنى جداً من سلطته - يمنح المرؤوسين درجة عالية من الاستقلالية. إعطاء حرية كاملة / مطلقة للمرؤوسين في تحديد المهام والأنشطة، ولا يتدخل القائد الرسمي المعين في ذلك. القائد هنا لا يتواجد كثيراً مع الجماعة وعندما تحتاجه لا تجده في كثير من الأحيان. وقد ينفرط عقد الجماعة نظراً لذلك.
الديمقراطية	القائد المشارك - يشجع مشاركة المرؤوسين - يؤمن بأهمية الشورى والمشاركة والعمل الجماعي. يعطي قدر كبير من التفويض والسلطة للمرؤوسين - يأخذ الآراء بالأغلبية.
الأبوية	الاتجاه التسامحي في التعامل مع الأفراد - دفع أجور أفضل - تحسين ظروف العمل - القائد يعامل الأفراد على أنهم أبناءه يحافظ عليهم ويقدم لهم النصائح المفيدة في العمل والحياة.

وفي دراسة هامة قام بها كل من هوايت White وليبت Lippitt عن سلوك كل من القائد الأوتوقراطي والديمقراطي والفوضوي وجد الآتي:

جدول رقم (5)

مقارنة بين سلوك كل من القائد

الأوتوقراطي والديمقراطي والفوضوي

الفوضوي	الديمقراطي	الأوتوقراطي	السلوك	م
4	3	45	إعطاء الأوامر	1
أقل من 1	1	11	أوامر مشتته	2
أقل من 1	1	5	النقد غير الموضوعي	3
5	11	7	المدح والثناء	4
24	24	6	اقتراحات موجهة	5
27	49	15	إعطاء معلومات	6
13	16	10	تشجيع التوجيه الذاتي	7
1	8	1	الثقة في المرؤوسين	8
1	8	1	سلوك المرح	9

تمرين: أنماط القيادة

أنماط القيادة	الصفات الرئيسية للقائد	درجة التركيز على الأهداف والأعضاء	
1- القيادة الديكتاتورية			
2- القيادة البيروقراطية			
3- القيادة الفوضوية			
4- القيادة الأبوية			
5- القيادة الديمقراطية			

التصنيف الثاني

يوضح الشكل التالي رقم (11) مدى الحرية المتاحة للمرؤوسين في عملية صنع القرارات، ومدى استخدام المدير/ القائد لسلطاته وصلاحياته، وللذي قدمه كل من تانيبنام وشميدت Warren Schmidt & Robert Tannenbaum في مقالة لهما عن «كيف تختار النمط القيادي؟» والمنشورة عام 1973.

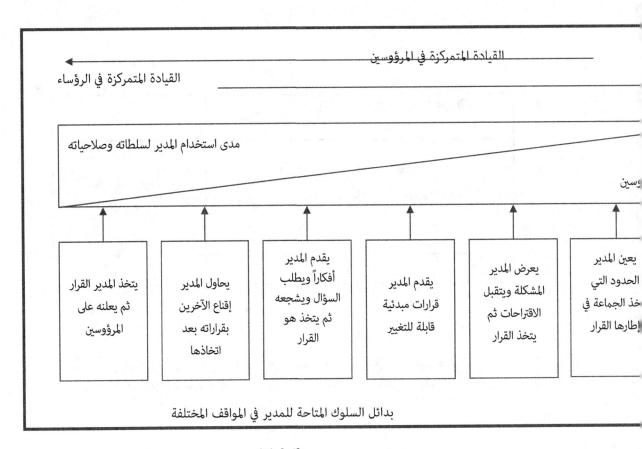

القيادة المتمركزة في المرؤوسين

القيادة المتمركزة في الرؤساء

مدى استخدام المدير لسلطاته وصلاحياته

وسين

| يتخذ المدير القرار ثم يعلنه على المرؤوسين | يحاول المدير إقناع الآخرين بقراراته بعد اتخاذها | يقدم المدير أفكاراً ويطلب السؤال ويشجعه ثم يتخذ هو القرار | يقدم المدير قرارات مبدئية قابلة للتغيير | يعرض المدير المشكلة ويتقبل الاقتراحات ثم يتخذ القرار | يعين المدير الحدود التي تخذ الجماعة في إطارها القرار |

بدائل السلوك المتاحة للمدير في المواقف المختلفة

شكل رقم (11)
متصل السلوك القيادي

116

التصنيف الثالث

وضع كل من هرسي Harsy وبلا نشارد Blanchard نظرية لدورة حياة القيادة.

في ضوء مستوى نضج Maturity المرؤوسين، ومدى قدرتهم على أداء عملهم باستقلالية Independently ، وقدراتهم على تحمل مسئوليات جديدة New Responsibilities ولقد ربطت هذه النظرية بين أنماط القيادة والمتغيرات السابق الإشارة إليها.، والشكل التالي يوضح هذه النظرية:

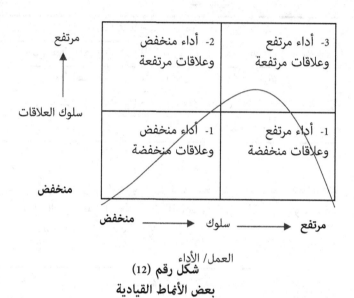

العمل/ الأداء

شكل رقم (12)
بعض الأنماط القيادية

وتشير النظرية إلى أنه كلما اتجه منحنى النضج من اليسار إلى اليمين يزداد مستوى نضج المرؤوسين. وبتعبير أكثر تحديداً فإن سلوك القائد الفعال يجب أن يتحول أو يتغير من:

المربع (1) إلى المربع (2) إلى المربع (3) إلى مربع (4) حيث يتقدم المرؤوسين من عدم النضج إلى النضج.

التصنيف الرابع

جدول رقم (6)

بعض الأنماط القيادية وخصائصها الرئيسية

نمط القيادة	خصائصها
السلبية	التي تعطي اهتماماً قليلاً جداً لكل من الأفراد والعمل.
الاجتماعية	التي تعطي اهتماماً كبيراً للأفراد ولا تهتم بالعمل إلا بقدر ضئيل جداً.
المتنورة	التي تعط اهتماماً كبيراً ومتوازناً لكل من العمل والأفراد.
المرهقة	التي تعطي اهتماماً كبيراً جداً بتفاصيل العمل مع قلة الاهتمام بالأفراد.
المتأرجحة	التي تتأرجح فيما بين الاهتمام بالأفراد، والاهتمام بالعمل.

التصنيف الخامس

في ضوء دراسات جامعة ولاية أوهايو Ohio State University بالولايات المتحدة الأمريكية يمكن تحديد النموذج التالي الذي يحدد أربعة أنماط للقيادة في ضوء كل من: سلوك الاهتمام بالعمل، وسلوك الاهتمام بالجوانب الإنسانية للمرؤوسين.

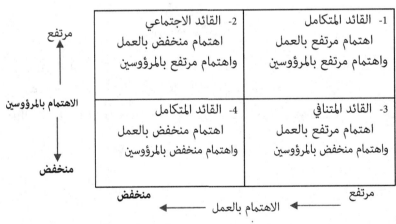

شكل رقم (13): بعض الأنماط القيادية

التصنيف السادس

يرى بيتر سينج Peter senge أن الشركات التي تشيع فيها روح التجديد والابتكار، تدرك أن المؤسسة الديناميكية النشطة تحتاج إلى ثلاثة أنواع من القادة: القادة على المستوى المحلي Local line leaders (مثل مديري الفروع، وقادة فرق المشروع، ومديري المبيعات، والعاملين في الخطوط الأمامية، (ثم العاملون في شبكات العمل الداخلية Internal Networker (وهم العاملون في الخطوط الأمامية، أو المستشارون الداخليون، أو المدربون، أو الفريق المهني الذي يقوم بنقل الأفكار في المؤسسة كلها)، والتنفيذيون أو القادة في مستويات القيادة العليا.

وهذه الأنواع الثلاثة من القيادات لها أدوار جوهرية هامة يجب أن نقوم بها. فلا يمكن مثلاً لأية محاولة للتغيير أن تؤتي ثمارها بدون وجود روح المبادرة والالتزام لدى القادة على المستوى المحلي. كما أن محاولات الابتكار والتجديد لن يكتب لها النجاح والانتشار في المؤسسة دون الاستعانة بنفوذ وتأثير العاملين في شبكات العمل الداخلية. وبدون رؤية القادة التنفيذيين، سوف يكون المناخ العام في الشركة مناخاً خانقاً للتجديد.

التصنيف السابع

1- القيادة التبادلية.
2- القيادة التحويلية.

إن الفرق بين الإدارة والقيادة يشبه إلى حد كبير الفرق الواضح بين القيادة التبادلية والقيادة التحويلية. وكان جيمس ماكجرويجور بيرنز James Gregor Burns هو أول من أوضح هذا الفرق في عام 1978. ورغم أنه كان يكتب عن القيادة السياسية إلا أن الاختلافات التي أبرزها قد طبقت أيضاً على القيادة في مجال التجارة والأعمال حيث رؤى أنها تنطبق عليها كذلك.

وتحدث القيادة التبادلية Transactional Leadership عندما يأخذ المديرون زمام المبادرة في تقديم شكل من أشكال إشباع الحاجات في مقابل الحصول على شيء له قيمة

في نظر العاملين، مثل زيادة الأجور، أو تحسين ظروف العمل، أو الترقية أو التقدير الأدبي. والمدير القائد يضع أهدافاً واضحة، كما أن لديه القدرة على فهم احتياجات العاملين تحت رئاسته واختيار الجوائز والمكافآت المناسبة لهم التي تثير دافعيتهم وحماسهم.

أما القيادة التحويلية Transformational Leadership فهي العملية التي يتم فيها الحصول على التزام العاملين بتحقيق الأهداف في إطار من القيم المشتركة والرؤية المشتركة. وهي مهمة بشكل خاص في إطار إدارة التغيير.

كما أنها تتضمن علاقات من الثقة المتبادلة بين القادة والمقودين. ويرى ديبرن Dubrin (2001) أن القائد التحويلي هو الذي يستطيع إحداث تغييرات جذرية وإيجابية في المنظمة أو المجموعة التي يوجد فيها.

ويرى باس Bass وافوليو Avolio (1990) أن القيادة التحويلية تتكون من أربعة عناصر هي:

1- التأثير الذي يميل إلى المثالية: إذا كان لدى القادة رؤية واضحة وإحساس واضح بالهدف فإنهم يكونون قادرين على اكتساب ثقة واحترام أتباعهم. وإذا أظهروا لهم أنهم يستطيعون تحقيق أكثر مما يعتقدون أن بالإمكان تحقيقه فإنهم بذلك ينون قاعدة للمهام المستقبلية تمكنهم من الحصول على مزيد من الجهد من هؤلاء الأتباع.

2- الاعتبارات الفردية: وتعني الاهتمام باحتياجات كل فرد من هؤلاء الأتباع ومعرفة إمكانيات النمو والتطور لديهم. ويمكن للقادة أيضاً اختيار نواب لهم يتولون مهام التدريب ويقدمون لهم التغذية العكسية البناءة.

3- المثيرات الفكرية: الاهتمام بالبحث عن الأفكار الجديدة والوسائل الجديدة لإنجاز العمل بكل همة ونشاط.

4- الإلهام: إثارة دافعية الناس وحماسهم، وأن يكون القائد قدوة وأن يشارك في تحمل أعباء العمل. ويرى بيرنز أن القيادة التحويلية تتضمن أقصى قد ممكن من المصالح المشتركة والمتبادلة وأقل قدر ممكن من القهر والإجبار. كما أنها تتضمن دائماً ضوابط في استخدام السلطة.

خصائص القادة التحويليين

توصل كل من تيكي Ticky وديفانا Devanna (1986) من خلال ملاحظتهما لعدد من القادة التحويليين في أثناء ممارستهم لمهام عملهم إلى نتيجة مفادها أن هؤلاء القادة يتمتعون بخصائص عامة تختلف عن الخصائص التي يتمتع بها القادة التبادليون، وهي كالتالي:

- ينظر القادة التحويليون إلى أنفسهم على أنهم عوامل مساعدة على إحداث التغيير. فهم يسعون إلى إحداث تغيير وإحداث تحول في المؤسسة التي يتولون مسئوليتها.
- يتصفون بالجرأة والشجاعة. ويمكنهم التعامل مع المقاومة، واتخاذ موقف، والإقدام على المخاطر، ومواجهة الحقائق.
- لديهم إيمان عميق بالناس. لديهم معتقدات متطورة وإيجابية حول الدافعية والثقة وتمكين العاملين ومنحهم بعض السلطات.
- لديهم مجموعة قوية من القيم تدفعهم إلى تحقيق أهدافهم.
- يؤمنون بالتعليم المستمر مدى الحياة. وينظرون إلى الأخطاء - سواء كانت أخطاءهم أم أخطاء الآخرين - على أنها فرص للتعلم.
- يستطيعون التكيف مع التعقيد، والتشوش والغموض.
- لديهم بصيرة ورؤوى مستقبلية.

ويضيف مؤيد السالم خصائص أخرى هي:

- اكتساب ثقة العاملين Trust من خلال الاهتمام بهم والوقوف إلى جانبهم والتضحية من أجلهم. ويعتبر هذا الاهتمام أساساً راسخاً في بناء الثقة داخل المنظمة وفي الحياة بصفة عامة. وحينما يكون هناك تطابق بين أقوال القادة وأفعالهم، أي عندما تتفق مشاعرهم وتصرفاتهم مع أهدافهم وأهداف منظماتهم، تبرز الثقة بشكل واضح. والثقة أقوى رابطة تجمع بين القائد والعاملين. وهي لا تشتري ولكن تغرس وتكتسب.

- السعي إلى تمكين العاملين Empowerment من خلال تفويضهم الصلاحيات والمسئوليات ومنحهم الحرية الكاملة لأداء العمل بالطريقة التي يرغبونها مع توفير الموارد الكافية وبيئة العمل المناسبة لهم، وتأهيلهم فنياً وسلوكياً لأداء العمل. والقائد الإداري يؤمن بأن الذين يتمتعون بخبرة عالية وتمكن ذاتي، يكونون أكثر التزاماً ومبادرة، فضلاً عن أن لديهم إحساساً عميقاً بالمسئولية في العمل، وهم أسرع من غيرهم في عملية التعلم. ويتعدى مفهوم التمكين الكفاءة والمهارة رغم ارتكازه عليهما، فهو يمثل قوة روحية تكمن في النفس، وتتطلب نمواً روحياً لا يمكن تحقيقه بوسائل الإدارة التقليدية مثل التدريب والتوجيه والسيطرة والحوافز المادية فقط بل بالتقرب الصادق إلى حياة الأفراد.

- ثقافة تنظيمية تشجع التعلم والاكتشاف والتجريب وتعتمد على التعاون والعمل المشترك، وذلك في مناخ تنظيمي قابل للتطور باستمرار. إذ يؤمن القادة بأهمية الثقافة ومدى تأثيرها على الطريقة التي يتصرف بها العاملون. ولا يستطيع القائد تحقيق تحويل حقيقي لرؤية المنظمة وأهدافها إلا إذا وجدت قواسم مشتركة بين قيم المنظمة وقيم العاملين فيها.

- بناء فرق العمل كوسيلة أساسية لحش وتنسيق واستثمار الطاقات الفكرية والخبرات العملية للأفراد وتوجيهها نحو تحقيق انجازات في العمل لا تتوافر للفرد المنعزل فرص متكافئة لتحقيقها.

العوامل التي تساعد على اختيار النمط القيادي المناسب:

يحتار كثير من المدراء والرؤساء والمشرفين في كيفية اختيار النمط القيادي المناسب للتعامل مع مرؤوسيهم، والحقيقة إنه ليس هناك اتفاق علمي على أسلوب مثالي بالإدارة لقيادة الموظفين، لأن الناس تختلف في طبائعهم وشخصياتهم، وكذلك الظروف التي يعملون بها.

وقد استعرض علماء الإدارة بعض النماذج التي تستخدم عادة بالقيادة الإدارية، مع توضيح للعوامل التي تتحكم في اختيار نمط قيادي عن آخر.

هذا ويمكن أن نقول أن هناك أربع مجموعات من العوامل تؤثر على اختيار النمط القيادي المناسب منها، يمكن توضيحها في الجدول التالي:

جدول رقم (7)

بعض العوامل المؤثرة على اختيار النمط القيادي المناسب

م	المجموعة	العوامل
الأولى	عوامل مرتبطة بالمدير	- قيم المدير ومعتقداته - ثقة المدير بمرؤوسيه - النزعة القيادية - شعور القائد وتقديره لدرجة التأكد من الموقف
الثانية	عوامل مرتبطة بالموظف	- درجة الإصرار على الاستقلالية - مدى تحمل المسؤولية - النزعة إلى المشاركة بالقرار وإن كان غامضاً أو غير محدد - درجة أهمية المشكلة للمرؤوسين - درجة تفهم الهدف ورسالة المنظمة - توافر المعلومات اللازمة - الخبرة اللازمة
الثالثة	عوامل مرتبطة بالموقف	- طبيعة المناخ التنظيمي السائد - القيم التي تؤمن بها المنظمة - نوع المنظمة وتركيبها - فعالية المرؤوسين وقدرتهم - طبيعة المشكلة
الرابعة	عوامل مرتبطة بالوقت المتاح	- الضغوط الزمنية، إذ أن الحاجة الملحة لاتخاذ القرار تميل بالمدير إلى الانفراد بإصدار القرار دون الرجوع لمشاركة المرؤوسين

حالة دراسية (*)

النمر الذي لا يمكن الاستغناء عنه

يُحكى أن نمراً ضخماً متقدماً في السن كان قائداً لقطيع من النمور، وفي يوم من الأيام قرر أن يخرج للصيد في الغابة المجاورة.. فجمع أعضاء القطيع وقال لهم: «علينا أيها الأصدقاء أن نخرج إلى الغابة المجاورة لنصطاد، فالشتاء البارد على الأبواب، وأرجو أن تصحبني النمور الشابة لعلهم يتعلمون مني شيئاً».

أحست النمور الشابة بالسعادة عندما سمعوا ما قاله النمر الكبير، ذلك أنه نادراً ما أبدى اهتماماً حقيقياً بتدريبهم على الصيد. وقد دأب على تركهم عندما كانوا يخرجون للصيد معه، فقد كانوا لا يؤدون أي عمل إلا حفظ النظام بين النمور المولودة حديثاً. لذلك فقد خرج الجميع إلى الغابة وكلهم شوق لأن يرجعوا بصيد سمين يشبع نهمهم ويحتفظون منه بشيء لأيام الشتاء القاسية.

وفي اليوم الأول شاهد النمر الكبير قطيعاً من الفيلة، فنظر إلى النمر (سعيد) وكان صغير السن يتدفق حيوية وقوة وقال له: «هذه فرصتك يا سعيد، إنه تحد حقيقي.. أهجم على القطيع وائتنا بما تيسر».

فوجئ (سعيد) بكلام قائده، إذ لم تكن لديه أدنى فكرة عن كيفية صيد أرنب، فكيف بفيل ضخم الجثة؟ لكنه تمالك نفسه وزأر زأرة عالية واندفع نحو الفيلة التي تفرقت في كل مكان .. عندئذ قال النمر الكبير: «يبدو أن علي أن أقوم بالمهمة بنفسي».

وبالفعل استطاع اصطياد فيل كبير.

وفي اليوم التالي أتى قطيع النمور إلى قطيع من الجاموس كان يرتع في الغابة، وهنا قال النمر الكبير للنمر (هيثم): «هيثم .. لم لا تجرب حظك ؟ أهجم على القطيع وائتنا بصيد ثمين منه».

(*) المصدر : بميك (2008).

عندئذ اندفع (هيثم) الذي خشي أن يسأل قائده أسئلة قد يعتبرها القائد سخيفة، وهجم على أضخم جاموس في القطيع، ولكن الجاموس الضخم قذف به أرضاً.. ولولا عناية اللـه لكان (هيثم) في عداد الموتى، فزحف إلى جماعته منهك القوى تسيل منه الدماء. عندئذ قال النمر الكبير: «إن هذا شيء لا يطاق، ماذا دهاكم؟ ما لي أرى مستوى الأداء قد انحدر بينكم».

وزمجر مؤنباً ومتوعداً النمور الشابة، فصاح أحد النمور الصغيرة قائلاً: «ولكنك لم تعلمنا من قبل كيف نصطاد».

ولم يكن لدى النمر الكبير وقت لإجابة النمر الجرئ، فتمتم بكلمات غاضبة قائلا: «ابقوا حيث أنتم، وسأقوم بالمهمة بنفسي».

وبالفعل بعد فترة وجيزة أتى بصيد سمين، فالتفت النمور حول النمر الكبير مبدية إعجابها بمهارته وشجاعته. فتنهد النمر الكبير وقال: «يبدو أنه ليس بينكم من يتوفر لديه الاستعداد الكافي ليحل محلي، وآسف إذا قلت إنني لا يمكن الاستغناء عني.. فأنا نمر لا يمكن للقطيع أن يستغنى عنه ولو لفترة وجيزة».

وتمر السنون، ولم يغير النمر الكبير من أسلوب تعامله مع أعضاء قطيعه، فقد كان يخرج إلى الصيد ويصطحب معه النمور الصغيرة، وكان يطلب من أحدهم أن يجرب حظه أحياناً، ولم يخطر له أن يعلمهم حيله وأفانينه في صيد الحيوان متجاهلا أنه نفسه تعلم على أيدي نمور كانت تعلوه سناً وتفوقه خبرة.

وفي أحد الأيام، وعندما تقدم العمر بالنمر الكبير ووهن العظم منه ونالت منه السنون، التقى بأسد صديق كان قد عرفه منذ سنوات بعيدة، فتجاذبا أطراف الحديث. وتطرق النمر الكبير إلى الموضوع الذي يحلو له دائماً أن يخوض فيه وهو ضعف المبادأة عند الجيل الجديد من النمور وقال: «هل تصدق يا عزيزي الأسد أنه رغم كبر سني فإنني أقوم بالصيد لجميع أتباعي، ويبدو أنه ليس هناك نمر على شاكلتي بين النمور الشابة في الجيل الجديد من النمور».

عندئذ انتفض الأسد وقال: « هذا أمر غريب، إنني أجد جميع الأشبال عندي يتعلمون بسرعة، وينفذون ما أطلبه بعد أن أقوم بشرح تفصيلي للمهام التي أسندها إليهم.. بعضهم يحسن في عمله وبعضهم يخطئ؛ من يحسن أشكره وأشجعه وأحفزه، ومن يخطئ أدربه من خلال تعريفه بأخطائه. وأصدقك القول إنني أفكر في إحالة نفسي إلى التقاعد في السنة القادمة وتسليم القيادة إلى أحد الأشبال، على أن أبقى مستشاراً لهم إذا احتاجوا إلى مشورتي».

قال النمر الكبير: «إني أغبطك، من المؤكد أنني كنت سأرتاح لو عرفت المعنى الصحيح للقيادة».

نهض الأسد فودعه النمر الكبير الذي قال متأملاً: «إنه لعبء ثقيل حقاً أن تتصرف وكأنك القائد الذي لا يمكن الاستغناء عنه أبداً».

والمطلوب:

تحليل هذه القصة إدارياً واستخراج عشرة دروس مستفادة منها.

....

....

....

....

....

....

....

الفصل الثامن

مبادئ القيادة المتميزة الناجحة

أشتمل هذا الفصل على:

مقدمة

في ضوء الكثير من البحوث والدراسات التي تناولت موضوع القيادة الإدارية، حدد كل من روبرت هـ روزين Robert H. Rosen وبول ب. برون Paul B. Brown ثمانية مبادئ رئيسية للقيادة الإدارية الناجحة هي كالتالي:

1- القدرة على إيجاد رؤية مشتركة.

2- الثقة بالنفس وبالآخرين.

3- زيادة معدلات مشاركة المرؤوسين.

4- توفير فرص التعلم والتدريب.

5- احترام التنوع والاستفادة منه.

6- تنمية الابتكار على مستوى الفرد والمنظمة.

7- التكامل في العمل.

8- التوافق مع المجتمع.

والشكل التالي يوضح هذه المبادئ، مع التأكيد على أهمية التفاعل المتبادل والمكمل والتساند المتبادل بين جميع هذه المبادئ:

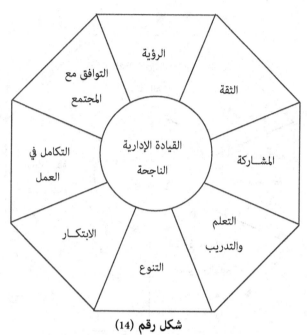

شكل رقم (14)
المبادئ الثمانية للقيادة الإدارية الناجحة

المبدأ الأول: القدرة على إيجاد رؤية مشتركة Common Vision

الرؤية هي حلم تسعى المنظمة إلى تحقيقه، بمعنى أنها تصور للصورة الذهنية المستقبلية للمنظمة. والرؤية الناجحة هي الرؤية التي تكونت بالإحساس والشعور والتفكير الابتكاري (تفكير الفص الأيمن من المخ) بالإضافة إلى التفكير التحليلي (تفكير الفص الأيسر من المخ).

وحتى يمكن تطبيق هذا المبدأ يجب تحقيق العوامل التالية:

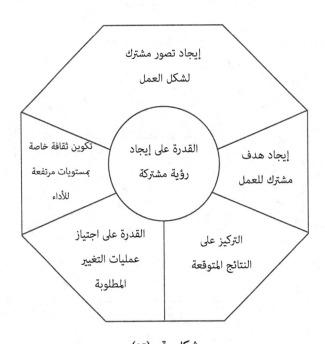

إيجاد تصور مشترك
لشكل العمل
تكوين ثقافة خاصة
بمستويات مرتفعة
للأداء
القدرة على إيجاد
رؤية مشتركة
إيجاد هدف
مشترك للعمل
القدرة على اجتياز
عمليات التغيير
المطلوبة
التركيز على
النتائج المتوقعة

شكل رقم (15)

مبدأ القدرة على إيجاد رؤية مشتركة

المبدأ الثاني: الثقة بالنفس وبالآخرين Trust

الثقة في النفس تعني الإحساس والشعور بالقوة والقدرة والجرأة، مع إنجاز الأعمال المطلوبة بالمستوى المطلوب. وهي من مقومات النجاح في الحياة والعمل، والحافز الذي يدفع الإنسان لتحقيق النتائج المرجوة. وعندما لا يثق الإنسان في نفسه فغالباً لا يثق في الآخرين ففاقد الشيء لا يعطيه. وعلى القائد الناجح أن يثق في نفسه ويثق في الآخرين وفي قدرتهم على أداء الأعمال المطلوبة منهم.

وحتى يمكن تطبيق هذا المبدأ يجب تحقيق العوامل التالية:

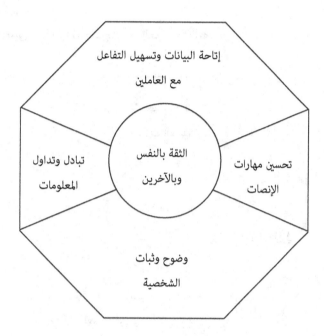

إتاحة البيانات وتسهيل التفاعل مع العاملين

تبادل وتداول المعلومات

الثقة بالنفس وبالآخرين

تحسين مهارات الإنصات

وضوح وثبات الشخصية

المبدأ الثالث: زيادة معدلات مشاركة المرؤوسين Participation

مشاركة المرؤوسين من المبادئ الرئيسية لنجاح أي منظمة في تحقيق أهدافها. وكل المدارس الإدارية الحديثة تؤكد على أهمية مشاركة المرؤوسين في جميع مراحل العمل (وضع السياسة والتخطيط وصنع واتخاذ القرارات والتنفيذ والمتابعة والتقويم). ومشاركة المرؤوسين شكل من أشكال الديمقراطية والشورى ودليل على الثقة في قدراتهم والاهتمام بالاستفادة من معلوماتهم وخبراتهم..

ومن نتائج المشاركة: تقبل المرؤوسين للقرارات التي شاركوا في صنعها، تقليل مقاومة المرؤوسين للتغيير الذي ساهموا في اقتراحه، نجاح البرامج والمشروعات التي شارك المرؤوسين في تخطيطها، بناء وتدعيم الولاء المؤسسي للمرؤوسين تجاه المنظمة التي تحرص على أخذ رأيهم واحترامه وعلى إتاحة الفرصة لهم للمشاركة في جميع مراحل العمل.

وحتى يمكن تطبيق هذا المبدأ يجب تحقيق العوامل التالية:

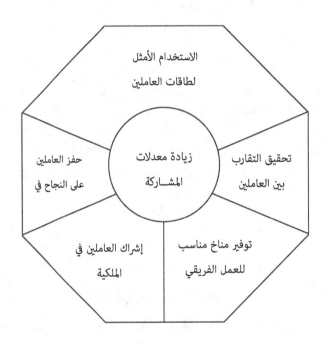

شكل رقم (17)
مبدأ زيادة معدلات مشاركة المرؤوسين

المبدأ الرابع: توفير فرص التعلم والتدريب Learning & Training

إذا أردت أن تقود الآخرين، فلا بد أن توفر لهم فرص النمو والنضج. ومن أدوات ذلك إتاحة الفرص لهم للتعلم والتعليم والتدريب فعلى سبيل المثال لابد من توفير التدريب المناسب وبشكل مستمر لجميع العاملين في المنظمة.

التدريب هو نشاط مخطط يهدف إلى إحداث تغييرات في الفرد والجماعة، فيما يتعلق بالمعلومات والخبرات والمهارات ومعدلات الأداء وطرق العمل والسلوك والاتجاهات، بما يؤهل الفرد والجماعة إلى القيام بمهامهم بكفاءة وإنتاجية عالية وإحساس متزايد بالأمن والاستقرار المهني والوظيفي.

وحتى يمكن تطبيق هذا المبدأ يجب تحقيق العوامل التالية:

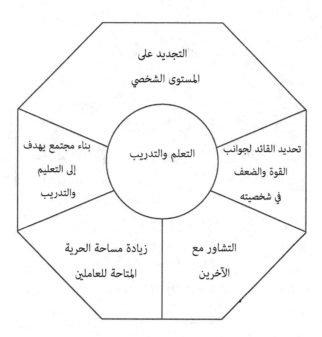

المبدأ الخامس: احترام التنوع والاستفادة منه Diversity

البشر متشابهون في بعض الأشياء ومختلفون في أشياء كثيرة، بمعنى أن هناك تنوع عريض بين جميع البشر قد يرجع إلى اختلاف النوع أو السن أو مرحلة النمو أو الديانة أو الثقافة أو المستوى التعليمي أو الأصول العرقية أو الجغرافية أو الانتماءات السياسية..

وعلى القائد الناجح أن يدرك هذا التنوع وأن يحترم هذه الاختلافات وأن يراعى مبدأ الفروق الفردية بين العاملين. بل عليه أن يستفيد من هذا التنوع من خلال توظيفة في اختيار الأشخاص المناسبين للمهام المطلوب إنجازها.

133

وحتى يمكن تطبيق هذا المبدأ يجب تحقيق العوامل التالية:

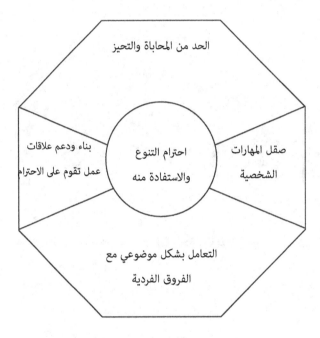

شكل رقم (19)

مبدأ احترام التنوع والاستفادة منه

المبدأ السادس: تنمية الابتكار لدى الفرد والمنظمة Creativity

الابتكار إحدى القدرات العقلية المهمة التي نولد بها، وإن كانت بدرجات متفاوتة لدى كل منا. ويعد الابتكار من أهم القدرات التي يجب أن تحظى بالاهتمام بالعناية والرعاية، لأن المبتكرين هم الذين غيروا وجه التاريخ والعالم، وهم ثروة بشرية نادرة، وعنصر أساسي لتقدم الأمم والمنظمات. والتفكير الابتكاري هو ذلك النوع من التفكير الذي يتسم بالصفات الآتية:

134

1- الحساسية الفائقة للمشكلات.
2- التفاعل المستمر والواعي مع الواقع.
3- الطلاقة، بمعنى إنتاج عدد كير من الأفكار في وقت قليل.
4- المرونة ، بمعنى القدرة على تغيير زاوية التفكير من دون تزمت أو جمود.
5- قدرة عالية على تقويم الأشياء وإدراك نواحي النقص والقصور فيها.

والقائد الناجح عليه تنمية القدرات الابتكارية لدى جميع العاملين ولدى المنظمة ككل. وهناك أساليب عديدة في هذا المجال - منها على سبيل المثال - أسلوب العصف الذهني وأسلوب دلفاي ، لا بد أن يتم استخدامها لتحقيق التميز والجودة والمنافسة.

وحتى يمكن تطبيق هذا المبدأ يجب تحقيق العوامل التالية:

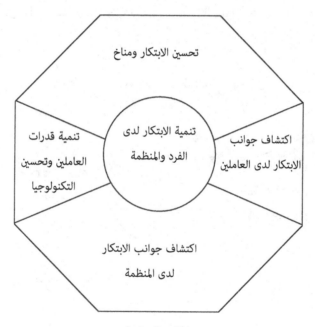

شكل رقم (20)
مبدأ تنمية الابتكار لدى الفرد والمنظمة

المبدأ السابع: التكامل في العمل Integration

التكامل في معناه يشير إلى توحيد العناصر أو الأجزاء لتكون كلاً واحداً. ولتحقيق التكامل في العمل لابد من توفير مناخ يتسم بالآتي على سبيل المثال:

1- التنسيق.
2- التعاون.
3- التخطيط.
4- العمل الفريقي.
5- التأكيد على أهمية واحترام كل المهن والتخصصات.
6- تدعيم أخلاقيات العمل الإيجابية.

وحتى يمكن تطبيق هذا المبدأ يجب تحقيق العوامل التالية:

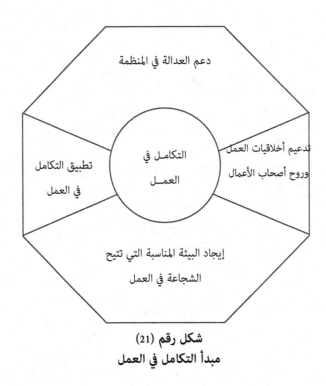

شكل رقم (21)
مبدأ التكامل في العمل

136

المبدأ الثامن: التوافق مع المجتمع Adaptation with Society

التوافق هو إحدى العمليات الاجتماعية التي تتمثل في تحقيق علاقة منسجمة نسبياً بين الفرد ونفسه ومع المجتمع المحيط به (جماعة الأسرة، جماعة العمل، ثقافة المجتمع..) بما يسهم في إنجاز الأهداف وتحقيق علاقة توازن بين الطرفين. والتوافق يتطلب إحداث التغيير المستمر في كل من الإنسان والبيئة المحيطة به لتحقيق التلائم والانسجام بينهما. وعلى أي منظمة أن تحقق التوافق مع المجتمع، من منطلق أنها جزء منه، وأنها أنشأت خصيصاً لتلبية حاجة لدى المجتمع، وأن مدخلاتها تجيء من المجتمع، وأن مخرجاتها تذهب إلى المجتمع.. وعلى المنظمة أن تحافظ على البيئة الداخلية والخارجية لها من كافة أشكال التلوث.

وحتى يمكن تطبيق هذا المبدأ يجب تحقيق العوامل التالية:

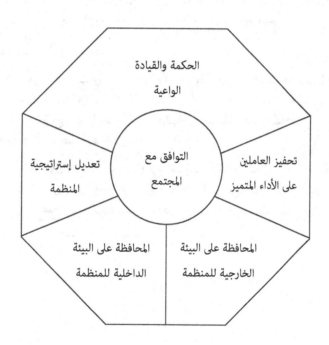

شكل رقم (22)
مبدأ التوافق مع المجتمع

137

مبادئ أخرى

حاول عوض خلف العنزي وضع بعض المبادئ القيادية الهامة التي تمكن المشرف من قيادة أفراده قيادة فعالة، وتمكنه من إيجاد البواعث النفسية المواتية التي تدفعهم إلى الإنتاج وتجعل منهم جماعة متماسكة متعاونة. ومن أهم هذه المبادئ:

1- إشراك المرؤوسين في اتخاذ القرارات:

نجاح القائد في وظيفته القيادية هو نجاحه في إشراك العاملين في تحديد الهدف الذي من أجله يتخذ القرار، ويجب أن لا يفرض الهدف على الجماعة دون المشاركة في اتخاذ القرار وتحدد الهدف إلى شعور الأفراد بأن نجاح هذا القرار والوصول إلى الهدف يعنيهم كما يعني المشرف عليهم، كما يؤدي إلى تلاشي روح العداء نحو المشرف إلى حد كبير، والبعد بأفراد الجماعة عن القلق والتوتر النفسي، وتحسين التعاون في الجماعة، إذ أن المشرف والعاملين يوجهون جهودهم نفس الوجهة، ويتعاونون في نفس الاتجاه طالما إنهم اشتركوا معاً في تحديد الهدف.

2- المساعدة في تحقيق أهداف الجماعة:

أثبتت كثير من الدراسات والبحوث أن الأفراد يتوقعون من قادتهم المساعدة في الوصول إلى أهدافهم سواء منها الأهداف المشتركة للجماعة، أو أهداف الفرد نفسه، وترتفع الروح المعنوية للعاملين، كما يزيد الإنتاج عندما يقوم القادة بالنواحي المختلفة التي تساعد الفرد والجماعة على تحقيق أهدافهم والتي يتطلع الأفراد إلى قادتهم للقيام بها.

إن الأفراد لا يرغبون ولا يتوقعون أن يقوم المشرف بالإنتاج الفعلي معهم والقيام بنفس المهام التي يقومون بها، إنما يرغبون ويتطلعون إليه لإنجاز النواحي المختلفة التي لا يستطيع الفرد العادي من زملائهم القيام بها والتي لا يسمح مركزه وسلطاته في المنظمة القيام بها.

ومن أهم النواحي التي يتوقع الأفراد من قادتهم الاضطلاع بها لمساعدتهم على تحقيق أهدافهم هي:

أ - تخصيص الوقت للإشراف وليس الإنتاج.

ب- سلطة المشرف ومقدرته على تحقيق مصالح الأفراد والجماعة.

ج- القدرة على بث الشعور لدى العاملين بالتقدم والنجاح.

د- إقناع المرؤوسين بأهمية ومركز وظائفهم.

هـ- البعد بأعمال المرؤوسين عن الروتينية.

و- تزويد المرؤوسين بالمعلومات والبيانات.

3- تكوين فريق متعاون:

يشرف الإداري على مجموعة من الأفراد، يختلفون من وجوه متعددة كالسن والثقافة والظروف الاجتماعية، وواجبه أن يكون منهم جماعة متماسكة، وفريقاً متعاوناً حتى يعملوا معاً في حماس وانسجام لتحقيق الهدف المشترك لوحدته الإدارية. ولاشك أن نجاح المشرف في إيجاد روح الفريق بين أفراد إدارته يزيد من معدل الإنتاج وبصفة خاصة في تلك الأعمال التي يتوقف الإنتاج فيها على جهود الجماعة كلها وليس على جهود فرد واحد، كما أثبتت الدراسات أن الأفراد يشعرون بالارتياح والرضا في أعمالهم وترتفع روحهم المعنوية عندما يعملون في جماعة متماسكة وفريق منسجم. ويشترط تحقيق ذلك تماسك الجماعة وشعورهم بالميل والتجاذب نحو بعضهم البعض وهذا بدوره ينعكس على رضا المستفيدين من الخدمات التي تقدمها المنظمة.

4- مساعدة الأفراد على الاندماج في الجماعة:

يميل الفرد للعمل الجماعي خاصة إذا شعر الفرد بالارتياح والرضا عن عمله، وحياته الخاصة عند شعوره بأن الأفراد (الجماعة) الذين يعملون معهم يقبلونه كعضو في الجماعة لا يقاومون اندماجه معهم، ولا ينبذونه وتحاشون صحبته. ومن هذا المنطلق يجب على القائد الإداري أن يبذل جهده للعمل على اندماج الموظف أو العامل في جماعة

عمل تتلاءم مع ميوله حيث يؤدي هذا الاندماج إلى زيادة إنتاجية العامل ورضاه عن المنظمة التي يعمل بها.

5- الاهتمام بالجماعة والمعاملة الإنسانية لأفراد الجماعة:

لا يقف واجب القائد عند اندماج الأفراد الذين يعملون تحت قيادته في جماعة العمل، وإنما ينبغي أن يعمل على أن يندمج ويتلاءم هو أيضاً مع الجماعة التي يقودها ويشرف عليها. وأن أقل القادة نجاحاً في تحقيق أهداف الجماعة هم أقلهم اندماجاً فيها، ويرجع فشلهم في الاندماج مع جماعة العمل إلى الاهتمام بالذات بدرجة كبيرة، أي اهتمامهم بأنفسهم أكثر من اهتمامهم لصالح الجماعة ووجود نشاطها.

وظهر بوضوح أيضاً أن أكثر القادة نجاحا هم الذين يوفقون بين صالح المنظمة وصالح الجماعة التي يرأسونها، وأن أقلهم نجاحا هم الذين يلاحظ مرؤوسوهم أنهم يضعون مصالحهم الشخصية ومصالح المنظمة التي يمثلونها في المكان الأول.

ومن الخصائص التي تعكس عدم الاهتمام بالجماعة:

أ - عدم استطاعة الأفراد نقل شكواهم وآمالهم إليه.

ب- عدم استطاعته ضبط النظام في الجماعة.

ج- دوام التفاخر بنتائجه الشخصية وليس بنتائج الجماعة.

د- سرعة الغضب وتوجيه اللوم لأفراد الجماعة.

هـ- تفضيل صحبة رؤسائه عن صحبة أفراد الجماعة.

و- الرجوع في القرارات بعد اتخاذها.

أما عوامل الاهتمام بالجماعة فتتلخص في الآتي:

أ - التوفيق بين أهداف المنظمة وأهداف الجماعة.

ب- الدفاع عن مصالح أفراد الجماعة.

ج- العمل على شعور الأفراد بارتفاع هيبتهم ومراكزهم.

الفصل التاسع

قادة المستقبل

أشتمل هذا الفصل على:

- 📖 مقدمة.
- 📖 القيادة وسط أجواء الغموض.
- 📖 القائد كجزء من النظام.
- 📖 القيادة الموجهة نحو الأهداف والنتائج.
- 📖 مدخل معرفي للقيادة.
- 📖 القيادة التحويلية.
- 📖 القائد / المتعلم.
- 📖 القادة الموهوبون.
- 📖 القيادة والإدارة بالمشاركة.
- 📖 القيادة والإدارة بالحب.

مقدمة

يتمثل جوهر العملية القيادية في التأثير الذي يمارسه الفرد القائد على التابعين أو المرؤوسين بهدف توجيه سلوكهم نحو تحقيق الأهداف المتفق عليها.

وترى يسرية فراج محمد أن القائد الإداري هو رجل العلاقات الإنسانية الذي يستخدم مواهبه وقدراته وخبراته في إطلاق مواهب وقدرات الآخرين وخلق روح التعاون بينهم وإثارة الحماس في نفوسهم، والذي يعرف كيف يستفيد من جهود التابعين أو المرؤوسين وقدراتهم ويترجمها إلى قوة دافعة ونشاط خلاق موجه لتحقيق الأهداف المرجوة.

وقادة المستقبل Future Leaders هم القادة المتميزين الذين نحتاج إليهم في المستقبل، هم القادة الذين يهتمون بكل من البيئة الداخلية والبيئة الخارجية للمنظمة، هم القادة الذين يعملون بجد وإخلاص لتحديد الاتجاه التنظيمي وتطوير الرؤية المستقبلية للمنظمة وحث العاملين بها ودفعهم نحو هذا الاتجاه، هم قادة يحبون التغيير ولا يخافون منه ويسايرون التطور ويستجيبون للتغييرات التنظيمية والبيئية المحيطة بهم، هم قادة يمارسون الإدارة بالمعرفة ويؤمنون بفكر منظمات التعلم وبأهمية العلم والمعرفة والمعلومات في كل تصرف وسلوك وقرار وخطة وبرنامج وموازنة... هم قادة يؤمنون بفلسفة الإدارة الشاملة ويمارسونها في كل خطوة وعملية... هم قادة يهتمون بممارسة الإدارة الإستراتيجية والتخطيط الاستراتيجي...

ويعالج الفصل الحالي موضوع قادة المستقبل من حيث التعريف والخصائص والاتجاهات والممارسات...

القيادة وسط أجواء الغموض ^(*)

يؤكد كل من وايت White، وهودجسون Hodgson، وكرينر Crainer (1996) أهمية تمتع قادة المستقبل بالقدرة على التكيف مع أجواء الغموض والاضطرابات.

«كانت القيادة في الماضي تتم في جو من الوضوح. وخلال فترات التاريخ المختلفة، كان يبدو أن القادة العظماء يعرفون ما يفعلونه... ولكن في التسعينيات وما بعدها، فإنه رغم تباطؤ حركة المد، فقد وجد القادة أنفسهم يندفعون بسرعة عبر منحدرات شاهقة. لذلك فقد أصبحت مهارة القيادة وسط أجواء مضطربة وغير واضحة من ضرورات القيادة في المنظمات الجديدة... والآن، نجد أن أكثر الجوانب الإستراتيجية أهمية في مستقبل المؤسسات توجد في منطقة الغموض. لذلك فإن أهم الكفاءات التي يجب أن يتعلم القائد كيف يؤديها بشكل مختلف هي أن يتعلم كيف يقدم على الجوانب الغامضة بدلا من الابتعاد عنها».

والمهارات الخمس الأساسية للقيادة في ظل الغموض وعدم التأكد هي:

1- التعلم الصعب. «التعلم هو الأداة الأساسية في هذه العملية، خاصة القدرة على تحديد وتعلم الأشياء التي يجد الفرد أو المؤسسة أن من الصعب تعلمها».

2- مضاعفة الطاقة إلى أقصى حد. من الصفات العامة المشتركة بين الأشخاص الذي يستطيعون التعامل مع الغموض هي قدرتهم على الوصول بسهولة إلى مصادر الطاقة سواء في أنفسهم أو لدى الآخرين.

3- البساطة المؤثرة التي يدركها الآخرون. «... إن القائد الذي يستطيع أن يضع يده على جوهر إحدى القضايا بطريقة تدركها المؤسسة ككل سوف يتمكن بسهولة من توصيل رسالته إلى الجميع».

(*) المصدر: بيتر ج. ريد (2005).

143

4- التركيز المتعدد. ويعني مثلاً، إحداث توازن بين الأهداف قصيرة المدى والأهداف طويلة المدى.

5- البراعة في استخدام الحاسة الداخلية. وتعني اتباع أحكام البديهة عندما لا تتوافر البيانات التي يمكن الاعتماد عليها.

القائد كجزء من النظام

إن القادة ينبغي أن يعودوا خطوات إلى الخلف من وقت لآخر لكي يستطيعوا مشاهدة النظام ككل. إن القادة لا ينبغي أن يعتبروا أنفسهم منفصلين عنه، أو أنهم ليسوا جزءاً جوهرياً منه. والتوتر الإبداعي الذي ينبغي أن يوجد بين القادة والمنظمة يجب أن يتوازن مع التوترات الموجودة بين رؤية القادة وبين الواقع الحاضر.

القيادة الموجهة نحو الأهداف ونحو النتائج

إن تأثير القيادة مرتبط بالأهداف التي تسعى إليها الجماعة، بمعنى: السعي لتحقيق أهداف الجماعة أو المنظمة. وبلغة أخرى: فإن القادة يركزون على التأثير في أفعال واتجاهات تابعيهم التي لها صلة بالأهداف المطلوب تحقيقها. وهم أقل اهتماماً بالتأثير على الأنشطة والاتجاهات التي لا صلة لها بتلك الأهداف.

إن قيادة كل العمليات الممكنة هي الشيء الذي يؤخذ في الاعتبار، ويتضمن ذلك عملية التعريف وتحديد الأفضليات في المجالات القليلة الحيوية للتحسين واللازمة في أي وقت أو بها ذات طبيعة إستراتيجية في جوهرها، بمعنى أنها تساعدك على «الصعود إلى قمة البرج» لإلقاء نظرة بانورامية حتى تستطيع أن تستوعب أهمية تسلسل عملية قيادة التغيير الجذري والتفكير الاستراتيجي الضروري لبرمجة التخطيط المطلوب، كما أنها تسهل أيضاً التفكير المنظومي والاهتمام بأوجه الاعتماد المتبادل والارتباطية.

مدخل معرفي للقيادة:

قام جاردنر Gardner (1996)، وهو عالم نفس أمريكي شهير، في كتابه الأخير «عقليات القادة » "Leading Minds" بتقديم ما أسماه «مدخل معرفي لموضوع القيـادة» "A Cognitive Approach to Leadership" وفيه يقوم بتحليل صفات عدد من القادة العالميين مثل مارجريت تاتشر Margaret Thatcher، ومارتن لوثر كنج Martin Luther King، وغاندي Gandhi ، ولم يتناول في عينته سوى قائد واحد من قادة الصناعة - هو ألفريد بي سلوان Alfred P. Sloan رئيس شركة جنرال موتورز General Motors.

وهو يعرف القادة بأنهم «أشخاص يؤثرون تأثيراً واضحاً، سواء بكلماتهم، أو بشخصياتهم كقدوة أو بالاثنين معاً في سلوكيات، ومشاعر عدد كبير من إخوانهم من البشر».

ويرى جاردنر أن القادة يحققون تأثيرهم في الأساس من خلال القصص التي يروونها والتي يجسدونها من خلال أسلوب حياتهم. وهو يميز بين ثلاثة مستويات من القيادة:

- القائد العادي: وهذا القائد يحكي القصة التقليدية العادية للمجموعة ولكن بطريقة بالغة التأثير. ومن أمثلة هؤلاء القادة جيرالد فورد Gerald Ford ، وجورج بومبيدو Georges Pompidou.
- القائد المبدع: وهذا القائد يقدم القصة القديمة بأسلوب جديد. فتاتشر، وديجول، وريجان كلهم ركزوا على موضوعات كانت موجودة في الماضي ولكنها أهملت وطواها النسيان.
- القائد الملهم: وهذا القائد يخلق قصة جديدة، ومن أمثلة هؤلاء القادة غاندي ومونيه.

ويرى جاردنر أن العقل البشري هو مجال القيادة، سواء كان عقل القائد أو أتباعه. وهو يرى أن شخصية القائد لا يمكن أن تقدم تفسيراً كافياً لما يحققه من نجاح. ولكي

نفهم ذلك يجب أن ندرس التركيبات العقلية التي تنشط لدى القائد ولدى أتباعه. ويرى أن هناك أربعة عوامل هامة للقيادة الناجحة هي:

1- وجود ارتباط بالجمهور: أي أن تكون هناك علاقة مستمرة ونشطة وديناميكية بين القائد وأتباعه.

2- إيقاع معين للحياة: فمن المهم أن يكون لدى القائد وقت يجلس فيه بمفرده للتأمل.

3- أن يكون هناك ارتباط واضح بين القصص وبين القائد الذي يعتبر تجسيداً لها: فسلوك القائد يجب أن يكون مجسداً للأفكار التي يعبر عنها بكلماته.

4- مركزية الاختيار: أي أن القائد يقوم بدوره في القيادة بمحض اختياره وبموافقة الآخرين.

القيادة التحويلية:

القيادة التحويلية Transformational Leadership هي القيادة التي تحب التغيير. قادة المستقبل لابد أن يسترشدوا بنمط القيادة التحويلية.

ويشير سيد الهواري إلى عدد من السمات أو الصفات التي تميز القائد التحويلي عن غيره من القادة، نذكر منها:

1- القائد التحويلي له رؤية مستقبلية Vision، وصاحب رسالة Mission.

2- القائد التحويلي يرى أن المبرر من وجوده هو نقل الناس من حوله نقلة حضارية.

3- القائد التحويلي لديه ثقة ذاتية عالية وإصرار ذاتي عالي.

4- القائد التحويلي لديه حضور بدني ديناميكي ونشاط واضح.

5- القائد التحويلي ممثل عظيم.. دائماً يتصرف وكأنه على مسرح.

6- القائد التحويلي لديه جاذبية شخصية Charisma وقدرة إلهامية عالية.

7- القائد التحويلي لديه اهتمام عالي ورعاية خاصة على المستوى الفردي. فهو لا يعطي عناية خاصة لكبار القوم فقط، ولكنه يعطي عناية خاصة أيضاً للضعفاء والمساكين والمعاقين والصغار...

8- القائد التحويلي لديه دافعية أقوى وأداء أكبر مما كان متوقعاً.

9- القائد التحويلي شخص شجاع محب للمخاطرة المحسوبة.

نبذة عن أحد قادة التحويل: Profile of a Transformational Leader (*)

يعتبر جاك ولش Jack Welch رئيس مجلس إدارة شركة جنرال إليكتريك مثالاً جيداً لقادة التحويل. فتحت قيادته أدخلت الشركة تغييرات عديدة على طريقة أدائها لأنشطتها. فعلى المستوى الفردي فإن الشركة تخلت عن بيروقراطيتها الشديدة وأصبحت تستمع للعاملين جيداً. ولذلك فليس من المستغرب أن تجئ الشركة مع الشركات التي يعجب بها العاملون كثيراً خلال عدد كبير من السنوات وذلك في القائمة السنوية التي تصدرها مجلة فورتشن Fortune الشهيرة، بل إنها جاءت على قمة تلك المجموعة عام 1981م.

وقد باع ولش واشترى العديد من المشروعات لحساب الشركة خلال الثمانينات. وكان مرشده في ذلك أن الشركة ستحتفظ فقط بالوحدات التي يكون ترتيبها الأولى أو الثانية في السوق الذي تعمل به اعتماداً على حجم المبيعات. وإذا تطلب تنفيذ هذه الإستراتيجية بيع إحدى الوحدات، أو إغلاق أحد المصانع أو تسريح بعض العاملين فإنها تقوم بذلك ويترك الآخرين وشأنهم حتى لو كان ذلك الذهاب إلى المحكمة.

ولذلك فليس من المدهش أن يكون اسم شهرته: «جاك النيوترون» Neutron Jack هل قام ولش بتحويل الشركة وتزويدها بمزيد من الحياة والنشاط؟ إذا كان ولش قد

(*) المصدر: جيرالد جرينبرج وروبرت بارون (2004).

أضاف لقيمة الشركة 52 بليون دولار فلا مجال للشك في ذلك. وبالطبع فإن جاك ولش ليس هو قائد التحويل الوحيد الذي يمكن أن نتحدث عنه.

القائد / المتعلم

يؤكد سكاين Schein (1992) أن أكثر أدوار القيادة تحدياً وصعوبة في ثقافة الإدارة هو ذلك الدور الذي يحاول فيه القائد إقامة منظمة تسعى إلى التعلم المستمر... فالقائد يجب أن يعطي العاملين معه الثقة في أن الاشتراك النشط في حل المشكلات يؤدي إلى التعلم، ومن ثم فإنه يعطي القدوة المناسبة لبقية أعضاء المنظمة... وأصعب مشكلة تواجه القادة المتعلمين هو كيف يعالجون ما قد يوجد لديهم من نقص في الخبرة والحنكة... والطريقة الوحيدة لبناء ثقافة قائمة على التعلم تستمر فيها عملية التعلم بشكل دائم هي أن يدرك القادة أنفسهم أنهم لا يعرفون كل شيء ويجب أن يعلموا الآخرين أن يتقبلوا أنهم لا يعرفون كل شيء. ومن ثم تكون مهمة التعلم مسئولية مشتركة بين الجميع.

ويصف بيني Binney ووليامز Williams (1995) القادة الناجحين بأنهم الأشخاص الذين يقودون ويتعلمون، فهم يقودون انطلاقاً من ثقتهم بما لديهم من معرفة ولكنهم يتقبلون في نفس الوقت التحديات والأفكار الجديدة بصدر رحب. وهو يؤكد أن مثل هؤلاء القادة يتمتعون بأربع خصائص هي كالتالي:

1- المصداقية العملية: أي أن لديهم فهماً عميقاً للعمل، ونواتجه والقضايا المتعلقة به.

2- الارتباط بالمنظمات التي يعملون فيها: أي أن تكون هناك روابط تربط بينهم وبين موظفي المؤسسة وعملائها.

3- القيادة بالقدوة: إذا كان القادة يقولون لمرؤوسيهم «افعلوا كما أقول لكم»، ولا يقولون لهم «افعلوا كما أفعل» فإنهم بلا شك سيفشلون في مهامهم.

4- الحفاظ على التماسك والثبات تحت الضغط: أي تكون قدرتهم على نقل الأخبار السيئة مثل قدرتهم على نقل الأخبار الطيبة.

يحفل تاريخ العالم والمنظمات التجارية وغيرها بالعديد من أمثلة هؤلاء القادة. فخلال التاريخ حقق بعض القادة نجاحاً غير عادي بإدخال تغييرات عميقة في تابعيهم. وبالتأكيد فإنه ليس من التطرف أن نقول إن قادة مثل نابليون وبل جيتس، وجون لينن John Lennon قد غيروا مجتمعات بكاملها بواسطة أقوالهم وأفعالهم: ويطلق على الأفراد الذين يحققون هذا النوع من النجاح «القادة الموهوبون». وهناك أشخاص يسيطرون بقوة على تابعيهم عن طريق الثقة وبناء الرؤية المستقبلية الواضحة.

خصائص القادة الموهوبون: Qualities of Charismatic Leaders^(*):

يتميز القادة الموهوبون بالتفوق في عدد من الصفات أو الخصائص وهي:

1- الثقة بالنفس لدى هؤلاء القادة ثقة كبيرة في قدراتهم وفي صحة الأحكام التي يصدرونها، ويعلم عنهم الآخرون ذلك. فقد اشتهر جوان براين John Bryan رئيس مجلس إدارة شركة سارا لي Sara Lee بأنه يعرف ما يقوله ويفعله.

2- رؤية المستقبل - أي توقعه بطرق المعية كأنهم يرونه - ويطلق على القائد بأن لديه هذه الرؤية إلى المدى الذي يستطيع فيه تقديم أعمال تؤدي إلى تحسين الوضع الحالي. وعلى هذا القائد أن يضع هذه الرؤية بالتفصيل، وأن يكون مستعداً للتضحية بكل شيء حتى يراها واقعاً. وهذا بالضبط ما قام به لي أياكوكا حيث كان راتبه 1 دولار سنوياً خلال فترة المشكلات التي عاشتها كرايسلر. ويمكن الحصول على مزيد من أمثلة الرؤية المستقبلية لقادة مشهورين بمراجعة الجداول رقم (8).

أمثلة من القادة الموهوبين المشهورين، ورؤيتهم الإستراتيجية. إحدى الخصائص التي تميز القادة الموهوبون هو تمتعهم برؤية إستراتيجية لمستقبل منظماتهم، كما أنهم يساهمون في تعبيد الطريق لتحقيق هذه الرؤية. وفيما يلي أمثلة من مشاهير هؤلاء القادة ورؤياهم الإستراتيجية.

(*) المصدر : جيرالد جرينبرج وروبرت بارون (2004).

جدول رقم (8)

أمثلة لمشاهير من القادة الموهوبين ورؤياهم الإستراتيجية

الاسم	الشركة	الرؤية الإستراتيجية
- ستيفن جبز Steven Jobs	آبل للكمبيوتر	تبسيط الكمبيوتر وإتاحته لكل الناس
- تشالزسكواب Charles Schwab	تشالز سكواب	تقديم خدمات مالية عالية الجودة للعملاء بتكلفة معقولة
- هرب كهلر Herb Kelleher	ثاوث وست إيرلاينز	تقديم خدمات ممتازة وقيمة عالية للمسافرين الجويين
- ماري كي آش Mary Kay Ash	ماري كي كوزمتكس	تحسين مستوى ثقة النساء بأنفسهن عن طريق بناء استقلالهن المالي وتقديم أدوات تجميل ممتازة
- روبير موردوح Rupert Murdoch	نيوزكوربوريشن	تقديم وسيلة جيدة لحصول الناس في العالم كله على الأخبار الدقيقة
- والت ديزني Walt Disney	شركة والت ديزني	تقديم مواد تسلية عالية الجودة للأسر في كل العالم.

3- السلوك غير العادي: يكون القادة الموهوبون في معظم الأحوال غير عاديين. وعندما يحققون النجاح، فإن طرقهم غير العادية تنتزع إعجاب المحيطين بهم. فعلى سبيل المثال فإن معظم النجاحات التي حققتها شركة ثاوت وست للطيران تعزى إلى البدع الغريبة لرئيس مجلس إدارتها هيرب كيلهر.

4- يعتبر به الآخرون كأداة للتغيير: نظراً لأن هؤلاء القادة قادرون على تحقيق التغيير فإن الوضع الحالي يعتبر عدوهم. ويمكن قول ذلك بالنسبة لروبرتو جريزوتو على

سبيل المثال. ذلك الرجل الذي جعل شركة كوكاكولا واحدة من أفضل الشركات في أمريكا.

5- الحساسية للقيود البيئية: يعتبر القادة الموهوبون واقعيون جداً بالنسبة للقيود المفروضة عليهم، وبالنسبة للموارد التي يحتاجونها لتغيير الوضع الحالي وبالتالي فهم يكونون على دراية بما يستطيعون ومالا يستطيعون عمله.

التفاعل مع القيادة الموهوبة

من المغري أن نفترض لأول وهلة أن القادة الموهوبين متميزون بسبب ما يتمتعون به من خصائص. كذلك من المنطق أن نفترض أنهم متميزون، لأن لهم علاقة خاصة بتابعيهم. وبلغة أخرى: فإنهم يعتبرون موهوبين بسبب تأثيرهم القوي على مرءوسيهم. ويشمل هذا التأثير:

1- مستوى الأداء غير العادي - أي الأداء الزائد عن المستوى المتوقع.
2- مستوى الإخلاص والولاء والانتساب للقائد أو الارتباط به.
3- توقع نجاح القائد والانبهار به أو بأفكاره.

وباختصار: فإن القيادة الموهوبة تقوم على نوع خاص من العلاقة بين القائد والتابعين. ووفقاً لرأي أحد المؤلفين فإن هؤلاء القادة يستطيعون عند مواجهة الصعاب أن يجعلوا الأفراد العاديين يقومون بالأعمال غير العادية.

القيادة والإدارة بالمشاركة

من عناصر نجاح أي قائد إشراك المرؤوسين في جميع مراحل العمل (الدراسة/التخطيط/التنفيذ/التقويم) وفي عمليات صنع القرارات وحل المشكلات.

وعلى القائد الناجح أن يطبق مفاهيم ومبادئ الإدارة بالمشاركة Participative Management . ونظراً لأهمية هذا الاتجاه المعاصر في تحقيق التميز للمنظمة والنجاح للقائد، سيتم شرحه بشيء من التفصيل كالتالي:

الإدارة بالمشاركة

يقول الـلـه سبحانه وتعالى: چﭼﭫﭬﭭﭮﮀ (آل عمران: 159). چﮊﮋﮌﮍﮎﮏﮐﮀ (الشورى: 38).

مشاركة Participation المرؤوسين من المبادئ الرئيسية لنجاح أي منظمة في تحقيق أهدافها. وكل المدارس الإدارية الحديثة تؤكد على أهمية مشاركة المرؤوسين في جميع مراحل العمل.

وضع السياسة والتخطيط وصنع واتخاذ القرارات والتنفيذ والمتابعة والتقويم. ومشاركة المرؤوسين شكل من أشكال الديمقراطية والشورى ودليل على الثقة في قدراتهم والاهتمام بالاستفادة من معلوماتهم وخبراتهم...

فالمشاركة شيء ضروري، لأن أي منظمة مكونة من ومبنية على مجموعة من الأفراد يتعاملون مع بعضهم ويتعاونون معاً لتحقيق أهداف المنظمة.

هذا ويقصد بالمشاركة التفاعل الإيجابي للفرد عقلياً وعاطفياً وسلوكياً في مواقف الجماعة أو المنظمة، بطريقة تساهم في تحقيق الأهداف بكفاءة وفعالية.

ويرتبط مفهوم المشاركة بدرجات متفاوتة من اشتراك العاملين في العملية الإدارية واتخاذ القرارات المتعلقة بأعمالهم، ويقسم عصام الدين محمود العناني المشاركة إلى درجات ثلاث هي كالتالي:

1ـ درجة الفهم المتبادل بين العاملين وإدارة المنظمة، وتكون من خلالها روح الفريق، ويصبح العاملون أكثر شعوراً بالمسئولية وأكثر استخداماً لقدراتهم الابتكارية.

2ـ درجة الاستشارة، حيث لا يكتفي بتحقيق الفهم المتبادل، وإنما يشرك الرئيس مرؤوسيه في الحصول على اقتراحاتهم بما يمس أعمالهم ولكنه يحتفظ بسلطة اتخاذ القرار النهائي لنفسه بعد استشارتهم.

3ـ درجة تفويض السلطة لاتخاذ القرار، وهذا النوع من المشاركة يفوض الرئيس مرؤوسيه بعض سلطاته لاتخاذ القرارات فيما يتعلق بأعمال معينة في إدارة المنظمة.

وحتى يمكن تطبيق مبدأ المشاركة يجب تحقيق العوامل التالية - كما اقترحها كل من روبرت روزين وبول براون Robert Rosen و Paul Brown في كتابهما عن المبادئ الثمانية للنجاح في العمل:

1- الاستخدام الأمثل لطاقات العاملين.
2- تحقيق التقارب بين العاملين.
3- توفير مناخ مناسب للعمل الجماعي والفريقي.
4- حفز العاملين على النجاح في العمل.
5- إشراك العاملين في الملكية.

ومن نتائج مشاركة المرؤوسين نذكر:

1ـ ضمان معاونة المرؤوسين مديريهم.
2ـ تقبل المرؤوسين للقرارات التي شاركوا في صنعها.
3ـ تقليل مقاومة المرؤوسين للسلطة.
4ـ تقليل مقاومة المرؤوسين للتغيير الذي ساهموا في اقتراحه. (انظر الشكل رقم 23).
5ـ نجاح البرامج والمشروعات التي شارك المرؤوسون في تخطيطها.
6ـ تشجيع المرؤوسين على المساهمة في تحمل المسئولية، وذلك لشعورهم وتفاعلهم مع الموقف.
7ـ بناء وتدعيم الولاء المؤسسي للمرؤوسين تجاه المنظمة التي تحرص على أخذ رأيهم واحترامه وعلى إتاحة الفرصة لهم للمشاركة في جميع مراحل العمل، وكأن المنظمة هي ملكهم وليس ملكاً لآخرين.

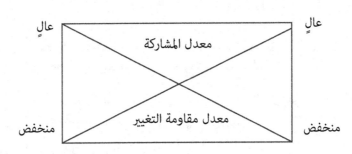

شكل رقم (23)
العلاقة العكسية بين معدل المشاركة ومقاومة التغيير

وفي ضوء ما سبق يمكن تعريف الإدارة بالمشاركة Participative Management بأنها الإدارة التي تتيح فرص حقيقية ومستمرة لاشتراك الأفراد والجماعات التي تعمل في المنظمة في إدارتها وملكيتها.

هذا ويرى البعض أن الإدارة بالمشاركة هي الحل الأفضل لمعظم المشكلات التي تواجهها الإدارة في علاقاتها بالعاملين، ولكن المشاركة وإن كانت تفيد في كثير من الحالات إلا أنه يجب أن تستخدم في الظروف المناسبة والتي يتمثل أهمها - كما يشير عصام الدين محمود العناني - فيما يلي:

1- يتوقف نجاح المشاركة على توافر سمات معينة في شخصية المرؤوسين لأن فعاليتها ترتبط بهم، ومن أهم السمات المطلوبة فيهم شعور الفرد بالاستقلال والرغبة في التعبير عن أفكاره، والرغبة في المشاركة، بالإضافة إلى درجة ذكائه وخبرته.

2- يتوقف نجاح المشاركة على توافر المناخ التنظيمي المناسب، إذ يجب اقتناع الإدارة العليا بها وتطبيقها وتشجيعها وتمارسها مع كافة المستويات الإدارية في المنظمة حيث يميل الإداريون إلى تشجيع مرؤوسيهم من المشرفين الذي يتبعون نفس طرقهم وسلوكهم في العمل.

3- يجب عدم اللجوء إلى المشاركة في الحالات الروتينية العادية، وإنما يتم الاستعانة بها في المواقف والمشكلات الهامة والتي يكون لها تأثير واضح على المرؤوسين.

4- يتوقف نجاح المشاركة على درجة التدريب على متطلباتها من تفويض للسلطة، واستشارة للمرؤوسين، وعقد الاجتماعات والمؤتمرات وقيادتها وتوجيهها، لذلك يجب أن يتوافر للمشرف قدرات ضرورية في تلك المجالات وأيضاً بالنسبة للمرؤوسين، ولن يتأتى هذا إلا من خلال التعود لفترة طويلة من خلال التدريب المستمر لتنمية تلك المهارات المرتبطة بالمشاركة لديهم.

5- يجب ألا يدعو الإداري مرؤوسيه للمشاركة إلا في المشكلات التي تقع في حدود سلطته ومسئوليته، حيث لا يمكنه فرض قراراته على سلطة أعلى منه في التنظيم إلا في حاله تقديم افكار ومقترحات إليهم.

6- تتطلب المشاركة وقتاً غير قليل للوصول إلى قرار، وهناك بعض الحالات التي تتطلب اتخاذ قرار سريع لتلافي حدوث أضرار جسيمة، الأمر الذي لا يتفق واتخاذ قرار عن طريق المشاركة.

القيادة والإدارة بالحب:

القائد أصبح قائداً لأن الجماعة أو الفريق الذي يقوده أحبوه. وهم أحبوه لأنه قدم لهم الحب أولاً. والحب Love مشاعر وسلوك. فالحب مشاعر Feelings إيجابية نحو النفس والآخرين. والحب سلوك Behavior يتمثل في الكلمة الطيبة والنصيحة الصادقة، وحسن التصرف والتسامح والإيثار والعطاء والتضحية.

ونظراً لأهمية وجود الحب المتبادل بين القائد وجماعته، سيتم إلقاء الضوء على اتجاه حديث نسبياً في الممارسات الإدارية الناجحة، هو الإدارة بالحب Management by Love حتى يسترشد القادة بهذا الاتجاه، إذا أرادوا تحقيق النجاح في قيادتهم للآخرين:

155

تعريف الإدارة بالحب:

ظهرت عدة كتب في الإدارة تؤكد على الجانب الإنساني والاجتماعي في العملية الإدارية، ومدى مساهمة هذا الجانب في نجاح المنظمات في تحقيق أهدافها بالشكل المطلوب، من هذه الكتب نذكر: الإدارة بالحب Management by Love، الإدارة بالضحك، العلاقات الإنسانية في بيئة العمل، القيادة بالحب Leading with Love.. وسوف نلقي نظرة سريعة عن الكتاب الأخير، فهو من تأليف كاثلين سانفورد Kathaleen Sanford، والذي تؤكد فيه على قيمة الحب كأداة رئيسية وعصا سحرية لنجاح المنظمات، وأن المنظمات يمكن أن تفوز بالحنان والقيادة بالفطرة والإدارة بمفهوم الأمومة.

هذا وتؤكد الإدارة بالحب على أهمية العلاقات الإنسانية الإيجابية بين جميع العاملين، ونشر الشعور بينهم مع اختلاف مستوياتهم الإدارية لأنهم هم أعضاء أسرة واحدة. كذلك تركز الإدارة بالحب على البُعد الاجتماعي والقيم الثقافية للمنظمات ودورها في صيانة رأس المال الاجتماعي.

ويشرح جاري ديسلر Gary Dessler مفهوم الإدارة بالحب بعبارة مختصرة هي: The Family should come first, work second بمعنى أن المنظمة تؤكد على أن توفير المناخ الأسري هو في مقدمة اهتمامها، يلي ذلك الاهتمام بالعمل.

وفي بداية كتابها صرحت كاثلين سانفورد عدة تساؤلات تساعد المدير في فهم معنى الإدارة والقيادة بالحب، نذكر منها على سبيل المثال:

1- هل يتشوق العاملون الذهاب إلى أعمالهم كل يوم؟
2- هل يتعاطف العاملون معاً على المستوى الشخصي؟
3- هل يتعاون العاملون معاً على المستوى الوظيفي؟
4- هل العلاقات بين الإدارة والعاملين إيجابية؟
5- هل يؤمن العاملون بأن الإدارة عادلة وحكيمة وحنونة؟
6- هل يشعر العاملون بالأمن والأمان الوظيفي؟
7- هل تفكر الإدارة في حقوق العاملين مثلما يفكرون في تحقيق الأهداف والأرباح؟

وتؤكد كاثلين سانفورد أن فشل النظريات الإدارية وتطبيقاتها لا يعود أساساً إلى فشل مناهجها وعدم مصداقيتها، أو إلى أخطاء جوهرية كامنة فيها، بل يعود إلى افتقاد الإدارة للحب وافتقار القيادة للفطرة والحنان.

الإدارة بمفهوم الأبوة والإدارة بمفهوم الأمومة:

يرى بعض علماء علم الاجتماع وعلى رأسهم ليون كاس Leon Kass أن الإدارة بمفهوم الأبوة تشير إلى التحكم والرقابة الدقيقة وعدم التفويض وديكتاتورية صنع القرار. ومن ملامح هذا النمط الإداري: العنف وعدم الرأفة والقسوة والصوت العالي والألفاظ المسيئة للآخرين والطرد من العمل..

وعلى العكس تماماً فإن الإدارة بمفهوم الأمومة تؤكد على الحب والتضحية والاحترام في كل الأوقات وتحت مختلف الظروف، والعمل على تحقيق مستقبل أفضل للجميع دون تركيز على الأنا أو الذات، وعلى إتاحة المعرفة للآخرين، وتقديم القدوة والمثل الأعلى لهم..

ومن ملامح هذا النمط الإداري: التسامح، والرعاية، وإدراك نقاط القوة في العاملين وتقديرها، ونقاط الضعف ومحاولة مساعدتهم للتغلب عليها، والسعادة لنجاح الآخرين، وفهم ثقافة العاملين، واحترام مشاعرهم وعواطفهم، ومشاركة العاملين في المناسبات المفرحة والمحزنة...

هل أنت قائد محب ؟

وضعت كاثلين سانفورد عشرة بنود رئيسية تساعدك على أن تكون قائد محب هي كالتالي:

1- وضع العاملين نصب تفكيرك.
2- معرفة أهداف العاملين ومساعدتهم على تحقيقها.
3- فهم ظروف العاملين في السراء والضراء.

4- تقدير جهود العاملين والاعتراف بإنجازاتهم.

5- الإنصات للعاملين بالعقل والقلب.

6- تقديم النقد البناء لهم.

7- معاملة العاملين بعدالة ومساواة دون تمييز أو تفرقة.

8- إشراك العاملين في المعلومات الهامة السارة وغير السارة.

9- تحقيق التوازن بين مستقبل المنظمة ومستقبل العاملين.

10- نشر فكرة المحاسبية للجميع وتقبل النتائج بصدر رحب.

أنواع الإدارة بالحب:

قسمت كاثلين سانفورد أنواع الإدارة بالحب إلى: حب المنظمة، وحب العاملين، وحب العملاء (المستفيدين من سلع أو خدمات المنظمة)، وحب المجتمع المحيط بالمنظمة.

1- **فحب المنظمة:** يكون بالعمل والإخلاص، والانتماء، والإيمان برسالتها، والارتقاء بالأداء، والعمل على زيادة الإنتاج والخدمات.

2- **وحب العاملين:** يكون بالتعاون معهم، والاحترام المتبادل، وتقديم برامج الرعاية لهم بواسطة المنظمة.

3- **وحب العملاء:** يكون بتقديم السلع أو الخدمات لهم، وحسن المعاملة والاحترام، وأخذ رأيهم في الحسبان، وإشراكهم في صنع القرارات، ووضع السياسات، والاهتمام بشكواهم ومقترحاتهم، والحرص الدائم على تحسين جودة المنتجات أو الخدمات التي تقدمها المنظمة.

4- **وحب المجتمع:** يكون من خلال تقديم بعض الخدمات له، والمساهمة في تحسين مستوى المعيشة به، والمشاركة في تخطيط مستقبل المجتمع، ومساعدة أسر العاملين بالمنظمة.

هذا ويمكن أن نضيف إلى أنواع الإدارة بالحب أنماطاً أخرى هي كالتالي:

1- **حب النفس:** ويكون بالمحافظة عليها من خلال على سبيل المثال: النوم الكافي، والملبس المناسب، والرعاية الصحية، وممارسة التمارين الرياضية وإتباع نظام غذائي صحي ومناسب... كذلك حب النفس يشمل أن يثق الإنسان في نفسه، وأن يكون حريصاً على القراءة والمعرفة.

2- **حب المهنة:** لكل واحد منا مهنة ينتمي إليها ويحبها، ومن مؤشرات حب المهنة نذكر: الانتماء إليها، وإعلان مكانتها، وتمثيلها التمثيل المشرف.. والعضوية الفعالة في نقابتها، والالتزام بميثاق شرف المهنة، والقراءة والاطلاع المستمر لأحدث الكتب والبحوث التي تنتشر في المهنة، والعمل على تحقيق أهدافها، ومحاولة الإضافة إليها وتطويرها، والدفاع عنها إذا تطلب الأمر ذلك.

3- **حب العمل أو الوظيفة:** وذلك يكون بأداء الأعمال المطلوبة بإخلاص وجد، واحترام نظم ولوائح العمل، والتعاون مع الرؤوساء والزملاء، والمحافظة على وسائل وأدوات العمل والإنتاج، واحترام وقت العمل.

في ضوء ما سبق يمكن أن نقول إنه لتحقيق:

الإدارة بالحب، لابد من الاستحواذ على قلب العاملين حتى يقعوا في حب منظماتهم، وأن تكون العلاقة بينهم وبين المنظمة علاقة أخذ وعطاء، وأن تكون المشاركة في السراء والضراء، وأن تساعد المنظمة في رعاية أسر العاملين وخدمة المجتمع.

إن القيادة بالحب هي قيادة التغيير القائم على الحب والعلاقات الإنسانية الجيدة والبساطة والمرح... ورسالتها في ذلك تقدير ورعاية الآخرين لمواجهة متطلبات هذا التغيير، ولكن قد يقابل ذلك بالمقاومة والاستياء وسوء الفهم وعدم التقدير لدى البعض.. ومن هنا كانت الإدارة فن بجانب أنها علم.

الفصل العاشر

صفات قادة المستقبل

أشتمل هذا الفصل على:

- 📖 صفات القائد.
- 📖 صفات القائد الناجح لفريق العمل.
- 📖 خصائص القادة الناجحون.
- 📖 سمات القادة الأكثر فعالية.
- 📖 مصادر القوة والنفوذ القيادي.
- 📖 الشروط الواجب توافرها في شاغلي الوظائف القيادية.
- 📖 الصفات الشخصية والخلقية التي يجب توافرها في شاغلي الوظائف القيادية.

صفات القائد

حدد كل من: روست Rost وسميث Smith (1992) خمس صفات رئيسية للقائد هي:

1- الشخصية: أن يكون الشخص أميناً، جديراً بالثقة ، ومستقيماً.

2- الاهتمام: أي الاهتمام باحتياجات الآخرين.

3- رباطة الجأش: أي القدرة على تحمل الضغوط.

4- الشجاعة: أي الرغبة في التصرف بما يتماشى مع معتقداته.

5- الكفاءة: سواء الكفاءة الفنية أو الكفاءة في العلاقات الشخصية.

من الأوصاف الجميلة للقائد هو ما وصفه به Loa-Tzu في القرن السادس قبل الميلاد، حيث قال:

- القائد يستطيع أن يجعل الأشياء تحدث،
- بقليل من الحركة،
- بقليل من الكلمات،
- بقليل من البراهين والتوضيحات،
- لكن، يتدخل بقوة في كل شيء،
- مُحفِّز ومشجِّع للآخرين،
- وإذا لم يوجد فإن الأمور لا تكون طبيعية،
- وإذا حقق نجاحاً فإنه لا يحصل على ميزة جديدة،
- وحيث أنه ليس في حاجة إلى ميزة جديدة فإنه لا يعدم الميزة الجديدة عند كل نجاح !!!!!.

وكما يقول بينيس Bennis (1999) فقد أشارت الأبحاث إلى سبع صفات رأت أنها ضرورية ولا غنى عنها للقيادة وهي:

1- الكفاءة الفنية: أن يكون القائد على دراية كاملة بعمله وملماً بمختلف جوانب المجال الذي يعمل فيه.

2- المهارة المفاهيمية: وهي القدرة على التفكير المجرد أو التفكير الاستراتيجي.

3- سجل حافل بالإنجازات: أن يكون للقائد تاريخ طويل في تحقيق النتائج.

4- مهارات التعامل مع الناس: القدرة على التواصل مع الآخرين، وتحفيزهم، وإسناد المهام المختلفة إليهم.

5- الذوق السليم: القدرة على التعرف على المواهب وتنميتها.

6- حسن التقدير: القدرة على اتخاذ قرارات صعبة في وقت قصير مع عدم توافر البيانات الدقيقة.

7- الشخصية: هي الصفات التي تحدد هويتنا.

بينما حدد كل من جيرالد جرينبرج G. Greenberg وروبرت بارون R. Baron ثمانية خصائص للقادة الناجحين كما يوضح الجدول رقم (9).

صفات القائد الناجح لفريق العمل:

القائد الناجح لفريق العمل هو الذي يحاول أن يكتسب ويمارس الصفات والمهارات التالية:

1- القيادة الديمقراطية - تطبيق مفهوم الشورى.

2- الثقافة والإحاطة بالأهداف المأمول تحقيقها.

3- اتباع نمط الإدارة بالحب والمرح.

4- الثقة في أعضاء فريق العمل.

5- الإنصات الجيد لأعضاء فريق العمل.

6- مهارة إقناع الآخرين.

7- مهارة فهم لغة الجسم.

8- مستوى عالي من المهارات الإدارية.
9- اتجاهات إيجابية نحو أعضاء الفريق.
10- فن إدارة الصراع.
11- تشجيع التفكير الإبداعي.
12- عدم التمييز أو التفرقة بين أعضاء الفريق.
13- قادر على تحمل المسئولية بشكل واضح.
14- مساعدة الفريق على اجتياز مراحل نموه.
15- العدالة في توزيع العمل بين أعضاء الفريق.

جدول رقم (9)
خصائص القادة الناجحون

الخاصية	وصفها
1- النضال	الرغبة في الإنجاز، والطموح، والطاقة العالية، والتركيز والمبادأة.
2- الأمانة والاستقامة	الثقة الكاملة، يمكن الاعتماد عليه، والوضوح.
3- الحوافز القيادية	الرغبة في التأثير على الآخرين لتحقيق الأهداف المرغوبة.
4- الثقة بالنفس	يثق في قدراته.
5- القدرة على التعلم	الذكاء: القدرة على دمج وتفسير قدر عظيم من المعلومات.
6- المعلومات في مجال النشاط	المعرفة بالصناعة، والقضايا الفنية المتصلة بها.
7- الابتكار	الطاقة على ابتكار أفكار جديدة.
8- المرونة	القدرة على تبني احتياجات تابعية والظروف المحيطة.

خصائص القادة الناجحين

هذا ولقد وضعت الشركات التي نجحت في تطبيق إدارة الجودة الشاملة خصائص لا بد من توافرها في قائد الفريق، أهمها:

1- الإدراك القوي لهدف الفريق ودوره في عملية التحسين.

2- الكفاءة في تناول وفهم المشكلات.

3- يفهم ثقافة القيادة وطرق اتخاذ القرار القيادي.

4- متفتح وأمين.

5- علاقاته قوية وديناميكي ومُبتكر ويعرف كيف يتعامل مع المتناقضات والمقاومة.

6- مهارات الاتصال لديه عالية.

7- ماهر في إدارة الاجتماعات؛ كيف يبدأ؟، متى يتوقف؟، متى يستأنف؟... إلخ.

8- الإلمام الكافي بالطرق المستخدمة في التحسين وكيفية استخدامها.

سمات القادة الأكثر فعالية

لقد أجريت دراسات عديدة لتحديد أهم سمات القادة الأكثر فعالية في بيئة العمل، وقد أفرزت هذه الدراسات ست سمات هي كالتالي:

1- القدرة الإشرافية

يقول غيسلي: إنه لكي تعمل منظمة بكفاءة، فإن أجزاءها الإنسانية يجب أن تعمل معاً بأسلوب متكامل، وهذا التكامل يجب الوصول إليه بالقيادة والتوجيه النابعين من المدير؛ ولكي تكون قائداً فعالاً ؛ فلهذا يتعين على المشرف أن يكون لديه طاقة رؤية الصورة الكبيرة، وليفهم كيف يتم تقسيم العمل، وتنسيقه كي تكون كل أجزاء العمل موحدة.

2- **الذكاء:**

إن ذكاء القائد - طاقته على التعامل مع الأفكار والمعنويات والمفاهيم، وقدرته على التعليم وإعطاء أحكام جيدة - كان العامل المهم الثاني لنجاح القائد، وتقترح النتائج هنا شيئين: أولاً: بينما يعد الذكاء سمة مهمة لكل المديرين، فإنه يبدو مهماً بشكل خاص كلما تحرك الفرد صعوداً في سلسلة الأوامر التنظيمية، وهكذا فإن الحكم الجيد والذكاء تكون مهمة لمشرفي الخط الأول، ولكن يبدو هنا أن الملامح الأخرى (مثل القدرة الإشرافية، ونمط القيادة الشخصية) تكون أيضاً مهمة جداً.

وعلى الجانب الآخر، كلما ارتفع الفرد صعوداً إلى الإدارة الوسطى، ونائب الرئيس، والرئيس، فإن طبيعة وتعقد المشكلات التي يتم التعامل معها تكون كذلك بشكل ظاهري، حتى إن الذكاء والقدرة على الحكم يلعبان دوراً عظيماً في نجاح المدير.

3- **درجة عالية من الانجاز:**

وجد غيسلي أن القادة الأكثر فعالية كانوا بشكل عام على درجة عالية من الانجاز، فلقد كانوا متحركين لإنجاز أعمال التحدي، خاصة حينما رأوا كيف أن فعل ذلك يمكن أن يكون ذو أثر مفيد في تحقيقهم أهدافهم الوظيفية.

4- **تأكيد الذات:**

وجد غيسلي بعد ذلك أن القادة الفعالين كانوا أكثر ثقة وتأكيداً للذات من القادة الأقل فعالية.

5- **حاجة عالية لتحقيق الذات:**

وجد غيسلي أيضاً أن القادة الأكثر فعالية يكون لديهم حاجة أعلى لتحقيق الذات ليكونوا الأشخاص المثل الأعلى الذي ترغبون في أن تكوّنوه، ويشعر هؤلاء الناس - بقول غيسلي - بقوة أن قدراتهم يجب ألا تترك غير مشبعة، ولكن بدلاً من ذلك يجب عمل أعمال متماسكة ظاهرة.

6- الحسم:

وجد غيسلي أن الحسم كان سمة أخرى مهمة تميز عادة القادة الأكثر نجاحاً. إن الشخص الحاسم واثق من نفسه مستعد لاتخاذ القرار، ولا يضيع الوقت في طول مدة الدراسة وفي التردد والتخوف من اتخاذ القرار. ويؤكد غيسلي على أن القائد قد يكون فعالاً بالرغم من أنه لا يظهر واحداً أو أكثر من هذه السمات الست، وقد يكون غير فعال بينما يظهرها جميعاً، ومع ذلك فإنه يبدو - بشكل عام - أن فرص الشخص ليكون قائداً فعالاً سوف تعزز لو أن أكثر من متوسط المستويات لمعظم هذه السمات كانت ظاهرة.

مصادر القوة والنفوذ القيادي:

تنبع أساليب التأثير القيادي السالفة الذكر من مصادر القوة Power التي يتمتع بها القائد، وهي:

1-	قوة الحوافز	Reward Power
2-	قوة الإعجاب	Referent Power
3-	قوة الخبرة	Experience Power
4-	قوة الشرعية	Legitimate Power
5-	قوة العقاب	Coercive Power

فالأولى تشير إلى استخدام القائد للحوافز، والثانية ترتكز على جاذبية وإعجاب المرؤوسين به، والثالثة تتأسس على علم وخبرة ومهارة القائد في مجال عمله، والرابعة تستند إلى السلطة الرسمية في التنظيم الرسمي للمنظمة، والخامسة تشير إلى استخدامه لأساليب العقاب المسموح بها.

167

الشروط الواجب توافرها في شاغلي الوظائف القيادية

يجب فيمن يشغل إحدى الوظائف القيادية أو للاستمرار فيها أن تتوفر فيه الأهلية والجدارة الكاملة لتحمل أعباء الوظيفة وأداء واجباتها وتحقيق الأهداف المحددة للجهة التي يؤدي شاغل الوظيفة مسئولياته فيها، وذلك بالبداهة في إطار الاختصاص المنوط به وذلك دون أن تخل هذه الأحكام بضرورة توفر باقي الشروط اللازمة لشغل هذه الوظائف والمنصوص عليها في القوانين واللوائح المختلفة مثل:

1- شرط جنسية مصر العربية.
2- حسن السير والسلوك.
3- السمعة الطيبة.
4- الأهلية مع الجدارة هما الأساس الأول لشغل الوظائف المدنية القيادية.
5- توفر المؤهلات العلمية اللازمة لشغل الوظيفة.
6- توفر الخبرة اللازمة لتحمل مسئوليات الوظيفة.
7- اجتياز التدريب المقرر للترشيح للوظيفة بنجاح.

الصفات الشخصية والخلقية التي يجب توافرها في شاغلي الوظائف القيادية:

1- توازن في الشخصية.
2- حسن تقدير للأمور.
3- ضبط النفس.
4- إعلاء المصلحة العامة.
5- الالتزام الوطني.
6- عدم استخدام السلطة القيادية إلا في الصالح العام.
7- القدرة على اتخاذ القرار المناسب في الوقت المناسب.

الفصل الحادي عشر

مسئوليات وأدوار قادة المستقبل

أشتمل هذا الفصل على:

📖 دستور العلاقات الإنسانية.

📖 مسئوليات المدير القائد.

📖 القائد كمدرب ومطور للقدرات.

📖 القائد المتعلم.

📖 الأدوار الرئيسية للقائد في منظمات التعلم.

📖 إرشادات تساعدك على أن تكون قائد تحويل.

دستور العلاقات الإنسانية

يشير دستور العلاقات الإنسانية إلى مجموعة من الوصايا لقادة المستقبل، يجب أن يسترشدوا بها عند التعامل مع الجماعات التي يقودونها، هي كالتالي:

1- أنصت لهم .
2- تفهم مشاعرهم.
3- شجع ميولهم .
4- قدر جهودهم.
5- مدهم بالمعلومات.
6- وفر التدريب المناسب لهم.
7- أرشدهم إلى أحسن الطرق.
8- عاملهم كبشر وراعي مبدأ الفروق الفردية.
9- كن على صلة مستمرة بهم "سياسة الباب المفتوح".
10- كرم المخلصين والناجحين والمبتكرين منهم.

مسئوليات المدير القائد:

حدد توم بيترز Tom Peters مسؤوليات المدير القائد في البنود التالية:

1- إشراك كل فرد في كل شيء.
2- استخدام فرقاً تمارس الإدارة الذاتية.
3- الإنصات الواعي الإيجابي.
4- إنفاق الوقت بسخاء في انتقاء الأفراد المناسبين والأكفاء.
5- الاهتمام بالتدريب وإعادة التدريب.
6- توفير الضمان الوظيفي المناسب.
7- تبسيط التنظيم.

170

8- التخلص من القواعد البيروقراطية المعوقة.

9- ممارسة الإدارة المرئية.

10- تكوين رؤية توحي بالإلهام.

11- ممارسة التفويض المناسب والفعال.

12- كن قدوة للآخرين.

هذا ويمكن إضافة المسؤوليات التالية:

1- تأكيد الجودة الشاملة في كافة مراحل ومستويات الأداء.

2- التحول من النظرة الضيقة إلى التفكير والعمل في إطار العولمة.

3- قبول التغيير باعتباره من حقائق الحياة والعمل الواجب التعامل معها.

4- تشجيع الإبداع والابتكار والاختراع في بيئة العمل.

5- إدماج الفلسفة تنمية وإدارة الموارد البشرية في صلب استراتيجية المنظمة.

القائد كمدرب ومطور للقدرات (*) :

يؤكد بارتليت Bartlett وجوشال Ghoshal (1995) على حاجة قادة المستقبل إلى التصرف كمدربين ومطورين للقدرات. وهما يستشهدان بجوران ليندال Goran Lindahl الذي كان نائباً للرئيس التنفيذي لشركة أيه بي بي ABB ، وكان يرى أن التدريب والتطوير هما أهم أدواره. ويقول ليندال إنه يقضي ما يتراوح بين 50% و60% من وقته في أداء هذه المهام.

ومن الأسئلة الأخرى التي يقدمانها روجر إنريكو Roger Enrico الذي كان نائباً لرئيس مجلس إدارة شركة بيبسي ، وكان يخصص نصف وقته لتدريب من يحتاجون إلى التدريب.

(*) المصدر : بيتر ج. ريد (2005).

القائد المتعلم:

حدد فيليب سادلر Philip Sadler (2003) خمسة جوانب لدور القائد المتعلم في منظمات التعلم Learning Organization هي:

1- الرغبة: لا في الاستمرار في التعلم فحسب ولكن أيضاً في تناول هذه القضية بصراحة وبعقلية متفتحة، وتشجيع الآخرين على أن يحذوا حذو القائد ويوضحوا أنه لا فائدة من الجلوس انتظاراً لأن يأتي القائد بالإجابات عن الأسئلة.

2- التشجيع على التعلم: عن طرق طرح أسئلة صعبة تثير التحدي. وعن طريق إثارة الفضول الفكري.

3- القدرة على تسهيل تعلم الآخرين: وذلك بأن يقوم القائد بدور المدرب والمرشد وعن طريق تقديم الحوافز المناسبة وبرامج التدريب والتطوير، وإقامة المنظمات التي تشجع على التعلم مثل مراكز مصادر المعرفة.

4- دعم وتعزيز الثقافة المشجعة على التعلم: والخصائص الرئيسية لمثل هذه الثقافة تتضمن: التسامح مع الأخطاء وتفادي توجيه اللوم، وعدم وجود موقف عدائي تجاه المخترعات والابتكارات التي تمت في أماكن أخرى، وجود مستوى عال من التكامل بين الوظائف المختلفة والأقسام المختلفة، وتشجيع العضوية النشطة في النقابات المهنية، والتركيز القوي على السلطة التي تستند إلى الكفاءة والخبرة لا على المستوى الوظيفي أو السلطة التي يمنحها المنصب.

5- تنمية ميكانيزمات (آليات) نقل التعلم: من الأفراد والفرق إلى المخزون المعرفي والخبراتي للمنظمة ككل.

الأدوار الرئيسية للقائد في منظمات التعلم ^(*)

اجتهد بعض الباحثين في تحديد الأدوار الرئيسية التي على القائد القيام بها في بيئة التعلم. فقد حدد كل من Cavaleri & Fearon, (1996) ثلاثة أدوار رئيسية للقادة تتماثل مع الأدوار التي قدمها سينج Senge (1990)، وهذه الأدوار هي:

1ـ القائد كمصمم Leader as Designer

حيث يمتلك القائد في هذا الإطار مهمتين أساسيتين: تتلخص المهمة الأولى في تصميم الأفكار التي تؤثر على إدارة المنظمة في مجالها الاجتماعي حيث يكون تركيزه على الغرض والرسالة والقيم الرئيسة للمنظمة. وهذه تعكس الجوانب المرئية للبناء الاجتماعي للمنظمة وتساهم في قيادتها وقت الأزمات. أما المهمة الثانية فهي أكثر عمقاً ومهارة وترتبط بتصميم السياسات والاستراتيجيات والهياكل بطريقة تسمح لفرق العمل بالفهم والاستيعاب وتبادل الخبرات وتحقيق التعلم المشترك.

ويسعى القائد من خلال عملية التصميم إلى تحقيق التكامل بين مختلف موارد المنظمة وتناسبها مع الأطر الوظيفية والفكرية للعاملين بحيث تكون المنظمة مترابطة ليس فقط من الداخل ولكن مع البيئة الخارجية أيضاً. فالمصمم الحقيقي هو من يفهم ويستوعب الكليات ويضع النظم الكفيلة بتكامل الرؤى والأهداف والقيم بحيث يحقق النجاح الملموس في التعلم ونقل الخبرات.

2- القائد المعلم Leader as Teacher

ووفقاً لهذا الدور يعمل القائد على تقديم النماذج العملية والافتراضات الجديدة ومساعدة العاملين على التعلم واكتساب الخبرات وإعادة صياغة وجهات نظرهم بخصوص الواقع من أجل رؤية الحوادث على حقيقتها والوقوف على أسبابها الحقيقية. فهم بهذا العمل يفتحون آفاقاً جديدة لإعادة تشكيل وصياغة المستقبل.

(*)   المصدر: مؤيد السالم (2005).

173

3- **القائد كخادم** :Leader as Steward or Servant

يتجسد دور القائد هنا في رغبته الصادقة في خدمة المنظمة والعاملين فيها وتقديم الرعاية لهم. فالقيادة يجب أن تكون أولاً وقبل كل شيء لخدمة الآخرين وإشباع رغباتهم. والقائد وفق هذا الدور لا يقدم الأفكار ويجبر العاملين على قبولها، لأن الذين يقودهم لديهم أفكارهم التي غالباً ما تكون أفضل من أفكاره .

ومن جانب آخر يرى ماركوارت Marquardt (2002) أن هناك سبعة أدوار رئيسية للقائد لا بد من أدائها حتى يحقق أهداف المنظمة من عملية التعلم بالممارسة Action Learning وهذه الأدوار هي:

1- **مفكر نظمي** :Systems Thinker

ففي ظل تعقد طبيعة الأنظمة، وتزايد متغيراتها والعلاقات التي تربط بينها وبين الأفراد ضمن هذه الأنظمة، يتوجب على القادة دراسة مختلف الأنظمة بمنظور شمولي ومتكامل، كوسيلة علمية تساعد على إحداث التغيير والتطوير واكتشاف الإمكانات الفردية الإبداعية، وحل المشكلات التنظيمية بفعالية.

2- **وسيط للتغيير** :Change Agent

على القائد في ظل هذه البيئة العالمية المتغيرة، تطوير درجة عالية من الكفاءة في فهم وإدراك عملية التغيير في المنظمة؛ لمحاولة زيادة قدرة الاستيعاب للمتغيرات والأحداث البيئية.

3- **مبدع وميل للمخاطرة** :Innovator and Risk-Taker

المخاطرة تقدم للمنظمة فرصة الإبداع والابتكار. ومطلوب من القادة تصميم بيئة تنظيمية تساعد على تنمية قدرات الأفراد في النمو والتطوير.

4- **خادم أو مدبر Servant and Steward:**

يسعى القائد إلى خدمة الآخرين سواء كانوا أفراداً في المنظمة أو مستهلكين أو المجتمع وهكذا. ويتجسد هذا الدور من خلال قيامه بالأنشطة التالية:

- إيجاد فرص للأفراد في المنظمة للقيام بحل المشكلات، والاستفادة من نجاح غيرهم؛ لزيادة مخزونهم المعرفي.
- تشجيع جو من المساعدة والتحدي بين الأفراد.
- تشجيع إطلاق الأفراد افتراضاتهم وخبراتهم الشخصية.
- تزويد الأفراد بمعلومات تمثل التغذية المرتدة من سلوكهم وتصرفاتهم.
- طرح تساؤلات وقضايا تزيد من وعي الأفراد بصحة افتراضاتهم وتوقعاتهم.
- طرح المشكلات والأخطاء الشائعة أمام الجميع واعتبارها كخبرات تعلم.

5- **القدرة على تشكيل الرؤى وبنائها Visionary and Vision-Builder**

تشكيل رؤية مستقبلية متجددة ضمن بيئة متغيرة ومتقلبة وخلق الدوافع لتحقيقها، من خلال مزج رؤية المنظمة برؤية العاملين، بنظرة عميقة ورؤية حقيقية للأمور والمشكلات والأحداث داخل المنظمة وخارجها.

6- **منسق لعدة أمور في آن واحد Polychromic Coordinator**

وتظهر من خلال قدرة القائد على العمل ضمن ظروف استثنائية، ومواجهة مشكلات غير مألوفة بشكل فردي أو جماعي. كما أنه يحمل عدداً من المواهب والقدرات العقلية التي تمكنه من القيام بالعديد من الأعمال في آن واحد وبشكل متناسق.

7- **المعلم والناصح والمدرب والمتعلم Teacher, Mentor, Coach and Learner**

يسعى إلى اكتشاف مواهب الأفراد وتنميتها وتوجيهها، وإثارة الكوامن المعرفية لديها، تهيئة الفرص والوسائل والطرق التي تساعدهم على الاستفادة منها.

إن من أهم التحديات التي من الممكن أن تواجه القيادة في أي منظمة، هو ما يتعلق بقدرتها على استيفاء حاجات التعلم؛ نظراً لأن عملية التعلم تتصف بالديناميكية والاستمرارية، كما تتطلب هذه العملية التزاماً دائماً نحو توفير المناخ الملائم، وهذا بحاجة إلى صفات قيادية أكثر من كونها إدارية (بكار، 2002) .

إرشادات تساعدك على أن تكون قائد تحويل:

ليس من السهل أن تصبح قائد تحويل؛ ومع ذلك فإن القادة يستطيعون باستخدام الإرشادات الآتية - التي وضعها كل من جيرالد جرينبرج وروبرت بارون - أن يحولوا منظماتهم ويدعموها بالحياة.

جدول رقم (10)

إرشادات تساعدك على أن تكون قائد تحويل

الإرشـادات	الشرح
تنمية رؤية واضحة وجذابة للعاملين.	تقود الرؤية الواضحة العاملين إلى تحقيق أهداف المنظمة، وتجعلهم يشعرون بالسعادة عند بلوغها.
وضع إستراتيجية لتحويل الرؤية إلى واقع.	لا تضع خطة تفصيلية للتنفيذ، بل وضح أفضل الطرق لنقل الرؤية إلى واقع.
ضع رؤيتك بوضوح ثم أقنع الآخرين بها.	لا يكفي أن تكون الرؤية واضحة، بل لا بد أن تكون جذابة باستخدام البلاغة وأساليب التوضيح.
أظهر التفاؤل والثقة برؤيتك.	إذا كان لدى القائد شك في النجاح فلن يبذل المرءوسون الجهد المطلوب .
أظهر الثقة في قدرة العاملين على تنفيذ الإستراتيجية.	لا بد أن يكون لدى العاملين اعتقاد جازم في قدرتهم على تنفيذ رؤية القائد. ينبغي على القادة أن يبنوا لدى العاملين الثقة في أنفسهم.

من الممكن بناء الثقة عن طريق الاعتراف بالإنجازات الصغيرة كخطوات على الطريق.	إذا حققت الجماعة نجاحاً مبكراً فسوف يدفعها ذلك إلى بذل مزيد من الجهد.
احتفل بالنجاح وتحقيق الأهداف.	الاحتفالات الرسمية وغير الرسمية مفيدة، وبها يتم بناء التفاؤل والالتزام.
قم بالأعمال المثيرة للتعبير عن القيم الأساسية بالمنظمة.	من الممكن دعم الرؤية الإستراتيجية عن طريق ما يفعله القادة. فعلى سبيل المثال فإن أحد القادة عبر عن اهتمامه بجودة الإنتاج عن طريق تدمير الأعمال التي لا ترقى إلى المستويات المحددة.
كن قدوة حسنة، فالأفعال أقوى تأثيراً من الأقوال.	يخدم القادة كنموذج يحتذى. فإذا كانوا يرغبون في الحصول على تضحية المرءوسين فلا بد أن يبدءوا هم بذلك.

177

الفصل الثاني عشر

نموذج لعملية قيادة التغيير الجذري

أشتمل هذا الفصل على:

📖 أساليب اختيار القيادات.

📖 اختيار القيادات الإدارية بالجهاز الحكومي في مصر.

📖 نموذج لعملية قيادة التغيير الجذري.

📖 حالة دراسية: السلوك القيادي والتغيير الجذري.

أساليب اختيار القيادات:

اهتمت الغالبية العظمى من الأدبيات المتعلقة بالقيادة بموضوعات كثيرة خاصة بالقيادة، إلا موضوع اختيار القيادات الذي لم ينل حظاً مناسباً من هذا الاهتمام.

وهناك طرق عديدة في عملية اختيار القيادات نذكر منها:

1- اختيار القيادات بالأقدمية.
2- اختيار القيادات من أهل الثقة.
3- اختيار القيادات من أهل الخبرة.
4- اختيار القيادات بناء على نتيجة الانتخابات.
5- اختيار القيادات على أساس منهج السمات.
6- اختيار القيادات من خلال عقد الاختبارات الموقفية لهم.
7- اختيار القيادات بناء على الأسلوب الجماعي غير القيادي.

وتعليقاً على هذه الأساليب نذكر:

إن اختيار القيادات بالأقدمية فقط قد يؤدي إلى شغل الوظائف القيادية بموظفين غير مؤهلين لمثل هذه الوظائف، حظهم أنهم تقدموا في صفوف العاملين بالأقدمية، دون أن يظهروا أي كفاءة وقدرة ورؤية. ولهذا لابد عند اختيار القيادات أن نراعي شرط الكفاءة والقدرة والرؤية بجوار شرط الأقدمية.

أما بالنسبة لاختيار القيادات من أهل الثقة، فهذا قد يؤدي إلى اختيار أشخاص ليس لديهم الكفاءة والخبرة المطلوبين. ولذلك لا بد عند اختيار القيادات أن يكونوا من أهل ثقة وأهل الخبرة معاً.

كذلك نحن نؤيد أسلوب اختيار القيادات بناء على نتيجة الانتخابات، وذلك تأكيداً للديمقراطية وجماعية القرار في اختيار القيادات، كذلك الانتخابات النزيهة سوف تفرز لنا العملة الجيدة.

اختيار القيادات الإدارية بالجهاز الحكومي في مصر [*] :

لما كانت النظم الوظيفية السارية حالياً والمنظمة للجهاز الإداري للدولة والقطاع العام متمثلة في أحكام نظام المدنيين بالدولة والصادر بالقانون رقم 47 لسنة 1978 ونظام العاملين المدنيين بالقطاع العام الصادر بالقانون رقم 48 لسنة 1978 قاصراً عن توفير الاختيار السليم للوظائف القيادية في تلك الجهات لما لها من أهمية في إنجاح المنظومة الإدارية من خلال تحقق الحد الأدنى لضمان اختيار القيادات والتعرف على قدراتها على البذل والعطاء، وتحقيق الإدارة الرشيدة تحت رقابتها وإشرافها.

لذلك كان لا بد للدولة أن تضع النظام القانوني الذي من شأنه أن يكون قادراً على تلبية النقص في تنظيم الوظائف القيادية من حيث اختيارها وتدريبها وتأهيلها وتقييم أدائها وتوفير الحوافز اللازمة لاستمرارها بكل جهدها وطاقاتها للإسهام في تحقيق منظومة العمل الإداري الفعال بنجاح واقتدار.

ومن ثم أصدر المشرع القانون رقم 5 لسنة 1991 بشأن تنظيم الوظائف المدنية والقيادية بالجهاز الإداري بالدولة واضعاً نصب عينيه تحقيق وتوفير المناخ المناسب لممارسة تلك القيادات لمهام وواجبات ومسئوليات وظائفها بالشكل الذي يجعلها قادرة على حل المشكلات التي تواجه الجهاز الحكومي، وبالتالي تطوير أساليب العمل في مختلف المجالات، طبقاً لمشروع خاص بالتطوير يتقدم به الراغبون في شغل الوظيفة القيادية، حيث يقع الاختيار على أحد المتقدمين بواسطة اللجنة الدائمة لاختيار القيادات لمدة ثلاثة سنوات يتولى خلالها تنفيذ ما جاء في برنامج التطوير، سواء للإمكانات المادية أو النظم واللوائح أو العنصر البشري في الوحدة التي يتولى قيادتها.

ولا شك في أن القانون رقم 5 لسنة 1991 وإن جاء لتحقيق تلك الأهداف إلا أنه - شأنه شأن أي قانون آخر - يأتي كقواعد عامة مجردة لا تشكل تفاصيل كاملة توضح

(.) المصدر : سامية فتحي ويسرية فراج (2000).

الصورة بشكل متكامل، وإنما تترك الأمر للمذكرة التفسيرية أو الإيضاحية. وأياً كان الأمر، ورغم الطفرة التي سعى إليها هذا القانون لتحسين الوظيفة القيادية من اختيارها وتحسين أحوالها المادية، إلا أنه على ذلك لم يحقق الآمال التي عقدت عليه في التطبيق العملي، وهذا موضوع آخر.

وقد استهدف هذا القانون رقم 5 لسنة 1991 تجاوز أوجه القصور في القوانين الخاصة بالعاملين بالمدنيين بالحكومة والقطاع العام رقم 47 ، 48 لسنة 1978 من حيث:

1- طرق اختيار القيادات بمعايير جديدة أهمها إتاحة فرص متكافئة للجميع وعن طرق المنافسة.

2- توفير الاختيار السليم للقيادات ذات الجدارة أو الأهلية من خلال عمليات تقييم مستمرة عمادها الإنجازات المحققة والجهد المبذول خلال 3 سنوات هي مدة التقييم.

3- الاختيار وفقاً لضوابط تهدف إلى تحسين الخدمة وتطوير أنظمة العمل، تليها مرحلة الوفاء بالالتزامات (النتائج) التي تحدد استمرار القيادة وتحكم على نجاحها أو فشلها بموضوعية.

4- نظام مميز بالحوافز يمنح مقابل للأعباء الإضافية وانتفاء الأعباء حين انتفاء المقابل كما أن التخلي عن القيادة يقابلها التخلي عن مقابلة القيادة فقط، مما لا يؤثر على المستوى الوظيفي أو المقابل الذي يتقاضاه.

كذلك فقد تضمن القانون رقم 5 لسنة 1991 النص على مدة تولي الوظيفة القيادية بثلاث سنوات قابلة للتجديد لمدة أو لمدد أخرى مماثلة، وفي حالة عدم التجديد يتم النقل لوظيفة غير قيادية لا تقل درجتها عن درجة وظيفته وبمرتبها الذي يتقاضاه مضافاً إليه البدلات المقررة للوظيفة المنقول إليها.

ويكون النقل في حالة طلب الموظف تسوية معاشه وإنهاء خدمته بناء على طلبه.

ويجب اتخاذ الإجراءات اللازمة لتجديد مدة شغل الوظيفة القيادية أو النقل منها طبقاً لأحكام هذا القانون قبل انتهاء المدة المحددة لشغل الوظيفة بستين يوماً.

خطوات اختيار القيادات الإدارية:

حتى يكون كل قائد إداري مسئول عن التطوير في موقعه وعملاً على أن تكون عملية الإصلاح الإداري شاملة وتتم في مختلف الأجهزة الحكومية وفق الظروف الخاصة بكل جهة ويشرف عليها المسئولون التنفيذيون في هذه الجهات وفق أهداف يقومون بتحديدها، فقد صدر القانون رقم (5) لعام 1991 ولائحته التنفيذية.

وقد اهتم هذا القانون بتحديد القائد الإداري بأنه كل من يشغل وظيفة مدير عام فأعلى.

وقد أكد القانون على أن هؤلاء القادة هم المسئولون بصفة أساسية عن تطوير العمل في الوحدات التابعة لهم مع تحديد الأساليب المستخدمة في هذا المجال وفق برنامج عمل للتطوير يقدم إلى السلطة المختصة بالاختيار، وتتحدد الملامح الرئيسية لذلك وفق ما يلي:

1- تعلن الجهة الإدارية عن الوظائف القيادية الشاغرة بها في الجرائد اليومية.

2- يتقدم لهذه الوظيفة العاملون بالجهة الحكومية أو من خارجها.

3- يقوم كل واحد من المتقدمين بتقديم تقرير عن إنجازاته في الوظائف التي شغلها خلال السنوات السابقة، وكذا مشروع باقتراحاته لتطوير العمل في الوظيفة المتقدم إليها.

4- وفقا للكتب الدورية أرقام 11، 12، 13 لعام 1992 الصادرة عن الجهاز المركزي للتنظيم والإدارة، فإن مشروعات التطوير المقدمة يجب أن تركز على تحسين مستوى الأداء وذلك من خلال تطوير المجالات الثلاثة التالية:

• الجوانب المادية في العمل من مباني وأجهزة ومعدات وغيرها.

- العنصر البشري في مجال العمل من مرؤوسين وغيرها لتدريبهم وتحفيزهم والعمل على رفع مستوى أدائهم.
- نظم وإجراءات العمل بما في ذلك اللوائح والقرارات الإدارية وغيرها والتي يتحدد طبقاً لها أسلوب وسلوكيات العمل.

5- تقدم طلبات شغل الوظيفة القيادية مرفقا بها تقارير الإنجازات ومشروعات التطوير إلى اللجنة الدائمة لاختيار القيادات بالجهة الحكومية التي بها الوظيفة الشاغرة، وتشكل هذه اللجنة برئاسة رئيس المصلحة وعضوية عناصر قيادية من مستوى إداري أعلى.

6- يقوم أعضاء اللجنة الدائمة لاختيار القيادات المتقدمين لشغل الوظيفة وفقاً لمعايير تحدد بمعرفة اللجنة وتختلف أهميتها النسبية بحسب طبيعة الوظيفة بحيث يعطي 50% للإنجازات، و 50% لمقترحات التطوير.

7- يرتب المتقدمين لشغل الوظيفة القيادية تنازلياً حسب المجموع الكلي لدرجاتهم في الإنجاز والتطوير.

8- تقوم اللجنة الدائمة لاختيار القيادات بترشيح الاثنين الحاصلين على أكبر درجات، بحيث يكون الأكبر في مجموع مرشح أصلي والآخر مرشح احتياطي له حق شغل هذه الوظيفة عند خلوها خلال عام من تاريخ الترشيح.

9- يقوم رئيس مجلس الوزراء بإصدار قرار باختيار المرشح الأول لشغل الوظيفة القيادية لمدة ثلاث سنوات بعد حضوره دورة تدريبة في تنمية المهارات القيادية بمركز إعداد القادة للجهاز الحكومي التابع للجهاز المركزي للتنظيم والإدارة.

10- يقوم شاغل الوظيفة القيادية بتقديم تقرير سنوي عن إنجازاته في الوظيفة إلى اللجنة الدائمة لاختيار القيادات حيث يتم تقييم أدائه وفقاً لهذه التقارير في نهاية كل سنة.

11- في حالة عدم استمرار الفرد في شغل الوظيفة القيادية، فإنه ينتقل إلى وظيفة غير قيادية أو يعطي له الحق للتقاعد بناء على طلبه وفق ضوابط ومعايير حددها القانون والقرارات الوزارية الخاصة.

نموذج لعملية قيادة التغيير الجذري:

في كتابه عن «قيادة التغيير» Leading Change حدد جون كوتر John Kotter (1999) الأستاذ بجامعة هارفارد Harvard University ثمانية أسباب للفشل المتكرر لبرامج التغيير المؤسسي.. ثم ينتقل إلى إبراز مسألة أن التصدي لها بشكل تتابعي (وتلك هي النقطة الهامة) يمكن أن يوفر أفضل فرصة لجعل جهود التغيير مستدامة وأفضل فرصة لأن ينجم عنها نموذج أو أسلوب جديد لأداء الأعمال، مفرداً فصلا مستقلا لكل من هذه الأسباب الثمانية. إنه لا يهوِّن من شأن حجم التحدي أو صعوبته، ولكنه يحاول جاهداً توضيح أن هناك عملاً تحضيرياً أساسياً يجب أداؤه أولاً.

إن الأرض يجب تأمينها قبل أن يهبط إليها الجنود بالمظلات حاملين معهم أحدث الأسلحة والأدوات والتكنولوجيا. والحقيقة أنك يجب أن تدخل الأحجار الكبيرة أولاً! واستمراراً في استخدام المجاز العسكري: إذا أخفقت في تأمين الأرض في المراحل المبكرة من الحملة فسوف تجد نفسك مشتبكاً في العديد من المعارك الدفاعية أو التعويقية التي تخوضها قوات المؤخرة وفي مناوشات بسبب ظهور عناصر مقاومة لم يتم رصدها أصلاً أو تم التهوين من قدرها أو لم يتم تحييدها بفعالية.

والآتي نموذج كوتر للعملية ذات المراحل الثماني:

نموذج لعملية قيادة التغيير الجذري:

1- **خلق إحساس بالإلحاح:**

- فحص واقع العلاقة بين العرض والطلب والبيئة التشغيلية.

- التعرف على التهديدات والفرص.
- برمجة العملية - تحديد الأولويات ومصالح الأطراف الرئيسية ذات المصلحة.

2- **تكوين الائتلاف أو التحالف الموجه:**

- تكوين مجموعة من الأفراد الرئيسيين المتمتعين بدرجة كافية من القوة والسلطة والالتزام لقيادة التغييرات.

3- **صياغة الرؤية والإستراتيجية:**

- خلق رؤية للمساعدة في توجيه جهود التغيير.
- وضع سياسات واستراتيجيات ونظم لتحقيق تلك الرؤية.

4- **إيصال رؤية التغيير:**

- استخدام كل وسيلة ممكنة لتوصيل الرؤية والإستراتيجية الجديدة لكل الأطراف صاحبة المصلحة باستمرار.
- حث القادة ورجال الإدارة العليا على تقديم نموذج وقدوة للسلوك المتوقع من المديرين والموظفين.

5- **التفويض بالقيام بعمل ذي قاعدة عريضة:**

- التخلص من العقبات.
- تغيير النظم والهياكل التي تقوض الرؤية.
- إعمال التفكير المنظومي لتحسين العمليات.
- تشجيع تحمل المخاطرة والأفكار والأنشطة والأعمال غير التقليدية.

6- **توليد مكاسب سريعة:**

- التخطيط لإجراء تحسينات منظورة وقابلة للقياس.
- تحقيق هذه المكاسب (وليس فقط الأمل في حدوثها).
- إيجاد طرق لمكافأة من يجعلون حدوثها حدوثها ممكناً.

7- **تدعيم المكاسب وإحداث المزيد من التغيير:**

● استخدام المزيد من المصداقية في تغيير كل النظم والهياكل والسياسات غير المنسجمة مع الرؤية أو مع بعضها.

● تعيين وترقية وتنمية الأفراد القادرين على تحقيق الرؤية.

● تجديد حيوية العملية من خلال مشروعات وأفكار ووكلاء تغيير جدد.

8- **ترسيخ المناهج الجديدة في الثقافة:**

● تحسين الأداء من خلال «الإنتاجية» المقوَّمة بشكل مقارن Benchmarked والسلوك المركز على العميل.

● وصف الصلات بين السلوكيات الجديدة والنجاح.

● تطوير الوسائل اللازمة لتنمية القيادة وإعداد قيادات الصف الثاني.

حالة دراسية^(*)

السلوك القيادي والتغيير الجذري

تعد قصة فرع شركة (N.C.R.) بأسكتلنده من الأمثلة الجيدة الدالة على أن وجود قيادة فعالة مع إدارة كفء هو أساس النجاح لأي مشروع. فقد كان فرع الشركة ينتج آلات حاسبة، وآلات صرافة، وأجهزة حسابية حتى مطلع السبعينات، ولكن مع ظهور تكنولوجيا جديدة ومنافسة قوية كان لابد من إحداث التغيير.

وبدأت عملية التغيير والتحديث اللازمة فعلاً بخلق خطوط إنتاج جديدة تعتمد على التكنولوجيا المتطورة أكثر من اعتمادها على الأيدي العاملة الكثيفة، مما أدى إلى تقليص العمالة من مائة ألف إلى ستين ألف فقط، وقد أدى ذلك إلى هبوط الروح المعنوية ومستوى الأداء بين بقية العاملين. فحاولت الشركة معالجة هذه المشكلة الكارثة بفرعها في أسكتلنده عن طريق إعطاء العاملين مزيداً من الحرية في اتخاذ القرارات وفي اختيار المنتج، وحققت نجاحاً نسبياً إذ بدأت الشركة في إنتاج نوع جديد من بنوك الحائط وقامت بتوزيعه على بعض البنوك في إنجلترا.

إلا أنه سرعان ما بدأت تظهر عيوب خطيرة في تشغيل المنتج الجديد مما أدى إلى توقف طلبات الشراء وزيادة المخزون، مما دفع بإدارة الشركة في الولايات المتحدة للبحث عن مدير جديد لفرع الشركة في أسكتلنده، ونجحت مساعيها في التعاقد مع المهندس أندرسون الأسكتلندي الأصل والذي كان يتمتع بمواصفات ملائمة من حيث خلفيته الهندسية ومعرفته بظروف الواقع من حوله.

وبدأ أندرسون عمله بالقيام بعدة زيارات إلى مواقع البنوك المختلفة التي أبلغت عن أعطال بالآلات التي استلمتها حديثاً، بالإضافة إلى عقد اجتماعات شبه يومية مع مجموعة من المديرين واجتماعات شهرية مع كل العاملين يتم خلالها الاتفاق على خطة

(*) المصدر: خلاصات «شعاع» (2004) .

لإصلاح الماكينات في أماكن وجودها بدلا من نقلها، مع خطة أخرى لإعادة تصميم النموذج وتعديل خطوط الإنتاج بما يتلافى الأخطاء والسلبيات السابقة.

وبعد فترة وجيزة بدأت هذه الخطة تؤتي ثمارها في شكل تلقي طلبات جديدة بعد أن تم إصلاح التالف، وبدأت الشركة تستعيد مصداقيتها في السوق مرة أخرى.

وفور تحقيق هذا النجاح بدأ أندرسون في تقوية صلاته بالعاملين ومطالبتهم بالتعاون المستمر معه وإبلاغه بالمعلومات أولاً بأول سواء كانت حسنة أو سيئة، كما دعم ذلك بتشجيع المديرين على عقد اجتماعات دورية مع مرؤوسيهم للتعرف على آرائهم والمشكلات التي تؤرقهم.

وقد كان لتركيزه على الجودة وإصراره على أنها أساس النجاح أكبر الأثر في تحقيق الحلم الذي طالما كان يراوده بإنتاج جيل جديد من بنوك الحائط لها نفس الجودة الموجودة لدى أي شركة منافسة إن لم تتفوق عليها. وكانت أولى خطواته لتحقيق ذلك تقسيم مهندسي المصنع إلى مجموعتين. مجموعة مسئولة عن إنتاج وتطوير جيل جديد، ومجموعة أخرى لتحسين الجيل الموجود في الخدمة.

وعن طريق طرح مجموعة من الأسئلة مثل ما هي عناصر النجاح؟ ومن هم منافسونا؟ ما هي إستراتيجيتهم؟ ما هو سر نجاحهم؟ ما هي إستراتيجيتنا؟ ما هي رغبات العملاء؟ بطرح هذه الأسئلة على نفسه وعلى العاملين معه، تمكن أندرسون من استيضاح الرؤية ومن وضع الإستراتيجية الواضحة لتحقيقها، ثم شرحها للعاملين بما أدى إلى التزامهم بها وشعورهم بوجود حافز حقيقي على تخطي أية عقبات، فالخطة التي ينفذونها بدأت منهم وتنتهي إليهم.

وقد اكتملت عناصر النجاح مع وجود إدارة على درجة عالية من الكفاءة ساعدت على التخطيط والرقابة وتوفير هيكل تنظيمي يساعد على تحويل التصور إلى واقع. فكان ظهور الجيل الجديد من هذه الآلات بجودة تفوق المنافسين سبباً في زيادة نصيب الشركة في السوق العالمي إلى 42% وبدأ المنافسون يتساقطون.

ومن الواضح أن أحد الأشياء الهامة التي تبرزها هذه القصة الأهمية الكبيرة لوجود القيادة الواعية المدركة للدور الذي يمكن أن تقوم به داخل المؤسسة ودفعها لاحتلال مركز متقدم في السوق.

الفصل الثالث عشر

تنمية قدرات قادة المستقبل

أشتمل هذا الفصل على:

📖 خصائص الممارسة الجيدة في مجال تنمية القيادة.

📖 أطر القدرات القيادية.

📖 السلوكيات والمؤشرات .

📖 الذكاءات المتعددة.

📖 تخطيط المعضلات الاستراتيجية.

📖 القدرات اللازمة لقادة المستقبل.

📖 أساليب إعداد وتنمية مهارات قادة المستقبل

📖 تدريب قادة المستقبل.

📖 التعامل السليم والفعال مع المشكلات.

📖 خاتمة.

191

خصائص الممارسة الجيدة في مجال تنمية القيادة

قامت هيئة حماية مزايا الخدمة العامة (PSMPC) في أستراليا بإجراء دراسة بالاشتراك مع مجموعة كبيرة من الوكالات، وحددت سبع خصائص للممارسة الجيدة لتنمية القيادة، وهي أنها:

1- تسلم بأن القيادة سياقية وتحدد ملامحها الظروف والثقافة.

2- تركز على - ومتحورة حول - الوفاء بأهداف الأعمال الرئيسية والتغلب على التحديات.

3- تعمل بمثابة أداة أو وسيلة للتغيير.

4- تلقي مسئولية التنمية على عاتق الفرد.

5- تشكل جزءاً من نظام متكامل باستخدام نماذج القدرات والبرامج المحورية.

6- مدفوعة بالإدارة العليا.

7- تستخدم مجموعة متنوعة من موارد ومناهج التعلم، معتمدة في الغالب على اتحادات الشركات (كونسوريتوم) والشراكات.

وإدراكاً منها لأهمية هذه الخصائص، قامت لجنة حماية مزايا الخدمة العامة بتطوير إطار القدرات القيادية للمديرين التنفيذيين، والذي يضم خمسة معايير محورية للأداء المرتفع من جانب المديرين التنفيذيين ويجسد قيماً جوهرية منها على الأخص أن القيادة الفائدة الجودة جوهرية وأساسية لتحقيق الأداء المرتفع داخل أي بيئة تغيير.

أطر القيادات القيادية

إن الدور الرئيسي للقيادات التنفيذية العليا في أي منشأة أو منظمة هو لعب دور هام في التحسين المتواصل لكامل عملية أداء الوظائف الخدمية المحورية بالمنشأة الموجهة نحو الزبائن والأطراف صاحبة المصلحة. وقد تناولنا كيف استلزم ذلك ما هو أكثر بكثير من صياغة رؤية أو استراتيجيات تحقيقها، وأن من الضروري أيضاً أن يقوموا

بهيكلة السياسة والإستراتيجية وأن يندمجوا شخصياً في تدريب الآخرين على مواجهة الصعوبات المتعلقة بحل المشكلات اليومية النابعة من العمل التكيفي والتوليدي الجديد.

في هذا السياق، تقع على عاتقهم مسئولية تحقيق مخرجات تسهم في تحقيق النتائج التي حددها هؤلاء الزبائن والأطراف صاحبة المصلحة، ويجب أن يكونوا قادرين على الأخذ بمنظور كلي شامل والتركيز على الروابط القائمة بين المجموعات المختلفة والمتعارضة أحياناً لأولويات المخرجات، ويتطلب ذلك منهم خلق رؤية مشتركة وإحساس بالغاية لمنظمتهم، والعمل على تمكين وتحفيز موظفيهم على تحقيق الأداء المرتفع.

إن أي إطار للقدرات يسعى إلى إيجاد فهم مشترك لعوامل النجاح الحاكمة لأداء دور ما ، وهي في حالتنا هذه الدور القيادي .

ويفيد الإطار الجيد عدداً من التطبيقات يمكن أن تشمل:
- الاختيار.
- تنمية القيادة.
- إدارة الأداء.
- خطط إحلال الموظفين قصيرة المدى وطويلة المدى.
- مبادرات التنمية التنظيمية الأعرض.

إن تطبيق الإطار (مع مراعاة المرونة كشرط أساسي) على نحو مترابط متماسك، وكأداة سياسية وإستراتيجية موجهة لكامل مجموعة المساعي والمجهودات المنظومية ذات الصلة بالقيادة، من شأنه أن يسهم في تحقيق واستدامة ثقافة قيادية عالية الجودة في أي منظمة. والواقع أن اتساق وترابط التطبيق على مستوى المنظمة بأسرها (أو عبر مصفوفة الأداء المتوازن) كفيل بجعل النتائج متميزة.

إن القدرات ليست متميزة أو غير عادية في حد ذاتها، وليس مهماً أن نستعير تعريفات الآخرين أو نبتكر قائمة خاصة بنا، وهناك اتفاق كاف حول إدراكات الممارسة الأفضل كفيل بجعلها عامة بصورة جوهرية. والنقطة التي أود أن أشدد عليها هنا أن الأداء

المرتفع والمتميز (من جانب القيادات الفردية أو من جانب موظفيها أو من جانب المنظمة ككل) لن يتأتى إلا من خلال تبني سياسة واستراتيجيات تضخ تنمية هذه القدرات في شرايين النظام التنظيمي الحي بأكمله. وبالعودة إلى مجاز البستنة الذي استخدمته من قبل فإن استخدام الأسمدة والمخصبات المنظومية وممارسة النوع المناسب من الرعاية والعناية يعادل في الأهمية استخدام آلات وأدوات جديدة. إن لم يكن أكثر أهمية.

السلوكيات والمؤشرات:

من بين الأشياء الأكثر صعوبة الواجب القيام بها عند محاولة إنشاء إطار للقدرات، الاتفاق على الصيغة الأفضل لتوصيفات معايير السلوك من ناحية، والمؤشرات التي نستطيع من خلالها أن نحكم على الأفراد أو نقيمهم بالقياس لها من ناحية أخرى.

ولو حاولت القيام بذلك ستجد أن توصيفات المؤشرات المناسبة تكاد تكون متطابقة مع توصيفات المعايير أو القدرات. وينبغي هنا أن أقول أن الشيء الوحيد الذي آخذه على إطار قدرات القيادات التنفيذية العليا الخاص بلجنة هيئة حماية مزايا الخدمة العامة بأستراليا PSMPC هو أنه يميل إلى السقوط في هذا الفخ، فالتوصيات تكون في أكثر الأحيان مجرد وصف موسع وأكثر تفصيلاً للسلوك وليست قابلة للقياس الكمي أو حتى تمثل مقاييس نوعية حقيقية لدرجة تحقيق الكفاءة.

ولابد من الاعتراف بأنه كلما كانت القدرات التي نحاول وصفها إستراتيجية، كلما كان تحديد مؤشرات قابلة للتحقق منها صعباً. ومثلما وجدنا أن من الممكن عند هيكلة الأهداف والمخرجات أثناء عملية التخطيط الاستراتيجي أن نجعلها محددة وقابلة للقياس، وقابلة للتحقيق ووثيقة الصلة ومقيدة بإطار زمني وأن نحدد مؤشرات الأداء تحديداً دقيقاً من خلال الكم والكيف والوقت QQT، فلا بد أن نحاول القيام بالشيء نفسه مع مؤشرات تقييم الكفاءة، برغم اعتقادنا أننا نستطيع التعرف عليها عندما نراها.

الذكاءات المتعددة:

يروج هوارد جاردنر Howard Gardner نظريته عن «تعدد أنواع الذكاء» Theory of Multiple Intelligence، حيث نشر عام 1983 كتابه الشهير «أطر العقل Frames of Mind»، مؤكداً بأن كل فرد يمتلكها بدرجات متفاوتة.

وتقوم اختبارات جاردنر وزملائه في جامعة هارفارد على عدة أسس هي كالتالي:

1- أن الذكاء لا يظل ثابتاً لدى الفرد في مختلف مراحل حياته، وإنما يمكن تنميته وزيادته.

2- الناس تختلف في أنواع الذكاءات التي لديهم وفي أسلوب استخدامها.

3- الذكاء ليس مفهوماً محدداً، فلا يوجد شخص ذكي في كل شيء فقد يتنوع الأمر على حسب الموقف.

4- يعد الذكاء أمراً خاصاً بالمهارات والقدرات. فالذكاء هو ما نقوم به لتحقيق الأشياء.

5- يحتاج الناس أن يعملوا لكي يطوروا ويستخدموا ويحسنوا ذكاءهم.

وقد حدد (جاردنر) ثمانية أنواع أساسية من الذكاء هي:

1- الذكاء اللغوي	Linguistic
2- الذكاء الموسيقي - الفني	Musical
3- الذكاء المنطقي - الرياضي	Logical – Mathematical
4- الذكاء المكاني - التخيلي	Spatial
5- الذكاء الجسدي - الحركي	Bodily – Kinesthetic
6- الذكاء النفسي - الشخصي	Psychological – Personal
7- الذكاء الاجتماعي - العلاقي	Social – Interpersonal
8- الذكاء الطبيعي	Naturalist

وقد رأينا كيف أن نموذج هذا الخليط من القدرات ليس «عادياً» مع الأسف من حيث أن «الإدارة العادية» لا تتطلب مثل هذه المجموعة الشاملة وغير الشائعة من المهارات أو «الذكاءات المتعددة» كما يفضل أليستير مانت أن يسميها، وهو يحدد سبعة

عناصر تشكل في مجملها أساس القيادة الناجحة، مرتباً إياها في تسلسل سببي ليبين كيف يلعب كل عنصر دوراً في إحداث العناصر الأخرى. وهذه العناصر كالتالي:

1- السلطة.

2- الغاية.

3- الحكم على الأمور.

4- التفكير المنظومي (الضفدعة).

5- سلامة العقل.

6- الذكاء ذو القاعدة العريضة.

7- الدائرة الفعالة - التي ينبغي أن تمكن من ظهور أجيال جديدة من القادة البارعين وذوي العزم والهمة بصورة طبيعية تماماً.

وفي ضوء المطالب غير المسبوقة التي يفرضها الحفاظ على التنافسية أو الميزة التنافسية على القادة المؤسسين أو التنظيميين في ظل الاقتصاد العالمي الجديد، ربما يتعين أن يصبح ما هو «غير عادي» أكثر شيوعاً.

مثل هذه المهارات والصفات غير العادية ينبغي أن يكون بالإمكان التعرف عليها في مرحلة مبكرة (من الحياة المهنية للمديرين أو القادة المحتملين) وأن يتم تشجيعها وتنميتها، ومن الجائز أيضاً قول إنها يجب أن تحظى بقدر أكبر من الاحترام والتقدير. وينبغي أن تكسبها ندرتها غير العادية قيمة استثنائية تفضي بدورها إلى بذل جهود متواصلة وأكثر جدية في سبيل التعرف عليها وتنميتها ورعايتها.

إنها يجب أن تكون محل تقدير وإعجاب لا أن ينظر لها على أنها شاذة، أو غير متماشية مع الأعراف والتقاليد المرعية أو تشكل تهديداً، مثلما يحدث في المنظمات المحافظة ذات الهياكل التنظيمية الهرمية (وأضيف أنها تخضع لسيطرة الذكور وتكون كبيرة في الغالب) والتي تتسم بإهمال أو غياب كامل للذكاءات أو القدرات المذكورة.

تخطيط المعضلات الإستراتيجية:

يرى هامبدين - تيرنر Hampden – Turner (1990) أن من بين القدرات الرئيسية المطلوب توافرها في القادة القدرة على مواجهة المعضلات الإستراتيجية، ويبدو هذا منطقياً إلى حد كبير ويؤيد منطق التعرف على بعض المعضلات، مثل المتطلب الجوهري الخاص بإدارة الأداء وعدم التأكد في ذات الوقت. وهو يطرح مجموعة متنوعة من الأدوات لمساعدة فرق الإدارة على القيام بذلك بشكل إبداعي ويلخص العملية في سبع خطوات كالتالي:

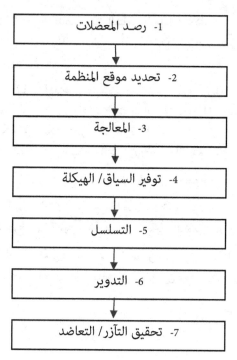

شكل رقم (24)
خطوات تخطيط المعضلات الإستراتيجية

إن هذه العمليات المكونة من سبع خطوات ينبغي أن تكون مفيدة للغاية بالنسبة لفرق الإدارة (والقادة على وجه الخصوص) التي تجد نفسها عالقة على قرني معضلة ما - أو ربما عدة معضلات - في سياق محاولة صياغة إستراتيجية إلكترونية قابلة للتطبيق والنجاح.

القدرات اللازمة لقادة المستقبل:

في ضوء البحوث والدراسات التي اهتمت برصد القدرات اللازمة لقادة المستقبل، يمكن تحديد بعضها كالتالي:

1ـ القدرة على التحكم في التوتر الديناميكي بين الحاجة إلى إدارة الأداء وعدم التأكد في الوقت نفسه، والواقع أن هناك عدداً من الديناميكيات أو المعضلات الأخرى التي كثيراً ما يتعين إدارتها وسوف نتطرق لها فيما بعد.

2- القدرة على إدارة مشاعر الانزعاج والقلق عن الآخرين ونفورهم من المخاطرة، من خلال إشعارهم بالطمأنينة المستمرة في أوقات الاضطراب والتغيير المنذرة بالخطر. وتتضمن هذه القدرة أيضاً التحكم في شكل آخر من التوتر الإبداعي - بين الرؤية المستقبلية والواقع الخالجي الذي ينظر لها (من جانب القيادة على الأقل) بأنه غير مرغوب أو غير مستدام.

3- القدرة على تعزيز تآزر الفريق لكي يكون الكل أكبر من مجموع الأجزاء.

4- القدرة على التعرف على الصلات والروابط حيث لا تكون واضحة (في البيئة التشغيلية على سبيل المثال) والتشجيع على وجود حالة من الترابط بين العمليات والمبادرات.

5- القدرة على رؤية «الصورة الكبيرة» ومساعدة الآخرين على رؤيتها كذلك، سواء من منظور الفكر المنظومي أو من منظور تعظيم فرص استدامة تحسين الأداء ومبادرات التغيير على المدى الطويل.

198

6- القدرة على تطبيق وتشجيع الكفاءة في سياق أخلاقي.

7- القدرة على إظهار ثقة معدية بالذات نابعة من مزيج من التجربة والخبرة وتقديم المثل والقدوة لها.

8- القدرة على حث الآخرين على معرفة منافع التفويض وقبول ملكية المشكلات وحلولها.

9- استعداد واضح للتعلم المتواصل - يتم غالباً من خلال قبول مخاطر محسوبة وتقديم نموذج وقدوة لقبول ملكية المشكلات والحلول.

10- القدرة على إدارة «الانتباه والمعنى والثقة والذات».

11- تقديم نموذج لأحد أساليب الوجود وكذلك أساليب العمل.

12- القدرة على التواصل بفاعلية وبشكل مقنع شفهياً وتحريرياً.

أساليب إعداد وتنمية مهارات قادة المستقبل:

يقول بينيس Bennis ونانوس Nanus (1985) إن القيادة مهارة يمكن لأي شخص أن يتعلمها، ويمكن أن تدرس للجميع، ولا يحرم من تعلمها أحد. ففي الحياة، هناك عدد قليل من البشر هم الذين سيقودون الأمم، ولكن عدد من سيقودون الشركات سوف يكون أكبر بلا شك. وسوف تكون هناك حاجة إلى عدد أكبر وأكبر لقيادة الأقسام أو المجموعات الصغيرة داخل الشركات.

وهؤلاء الذين لا يعملون كرؤساء للأقسام يمكن أن يكونوا مشرفين. والقيادة كغيرها من المهارات المعقدة، بعض الناس يبدءون ولديهم قدرات قيادية أكبر وأكثر اكتمالاً عن الآخرين. ولكن المهارات المناسبة يمكن تعلمها، وتنميتها وتحسينها.

ويعرض لنا كوتر Kotter (1988) الأساليب التالية لتنمية مهارات القيادة:

1- مراكز التقييم والتطوير.

2- مناقشات التخطيط للعمل مع الرؤساء.

3- توفير فرص العمل التي تتيح النمو والتطور.

4- توافر المعلومات حول الفرص التي يتيحها العمل.

5- إعداد برامج خاصة لمن تتوافر لديهم إمكانيات القيادة.

6- ترتيب برامج تنمية خارجية.

7- إعداد عمليات إدارة إستراتيجية تكون مصممة بحيث توضح ما سيكون عليه شكل العمل في فترة تتراوح من خمس إلى عشر سنوات قادمة، وما هو عدد أدوار القيادة الذي سيكون مطلوباً عندئذ وما هي نوعية هذه القيادة.

8- مكافأة المديرين على جهودهم في تنمية مهارات القيادة لدى المرؤوسين.

9- مساعدة الناس على تنمية قدرتهم على تطوير أنفسهم بأنفسهم.

10- تقديم الإرشادات أو التدريب أو الاثنين معاً.

11- استخدام التغذية المرتدة.

12- إضافة مسئوليات إضافية للوظائف الحالية.

13- التدريب.

تدريب قادة المستقبل:

وبالنسبة للأسلوب الأخير من أساليب إعداد وتنمية مهارات قادة المستقبل، يمكن أن نقول أن النظرة الحديثة إلى القيادة هي أنه يمكن تعلمها وتعليمها وأن القائد يصنع أكثر مما يولد، ومن ثم يجب الاهتمام بتدريب القادة الجدد وتدريب المتميزين على القيادة حتى يصبحوا قادة.

وعلى البرامج التدريبية في مجال القيادة أن تكسب المتدربين بها على:

1- زيادة المعلومات / المعارف لدى المتدربين عن القيادة.

2- تدعيم الاتجاهات الإيجابية لدى المتدربين تجاه أهمية القيادة وتجاه أهمية اختيار النمط القيادي المناسب حسب طبيعة الموقف والمرؤوسين والوقت المتاح.

3- تحسين مهارات القيادة لدى المتدربين مثل: مهارة الحديث ومهارة الإنصات ومهارة الإقناع ومهارة حل الصراع.

4- تحسين الصفات القيادية لدى المتدربين مثل: الصبر والتعاون والإيثار وحب الآخرين وحب مساعدة وخدمة الآخرين.

5- تدعيم الأخلاقيات الإيجابية لدى المتدربين وخاصة المتعلقة بالقيادة، مثل: الصدق والأمانة والعدالة والمساواة والإخلاص.

فعلى سبيل المثال يمكن تحديد محاور برنامج تدريبي عن القيادة في الآتي:

1- مفهوم ووظائف الإدارة.

2- مستويات وأنواع الإدارة.

3- مشكلات الإدارة وكيفية مواجهتها.

4- تجارب إدارية ناجحة.

5- ماهية القيادة.

6- أهمية القيادة.

7- عناصر القيادة .

8- نظريات القيادة.

9- أنماط القيادة.

10- مبادئ القيادة.

11- أنواع القادة.

12- خصائص قادة المستقبل.

13- مهارات قائد المستقبل.

14- تكليف المتدرب بإعداد بحث يتناول فيه مشكلة إدارية يراها على مستوى المنظمة التي يعمل بها أو على المستوى القومي، ويقوم بعرضها ومناقشتها.

نحن نريد تدريباً متميزاً لقادة المستقبل وليس تدريباً تقليدياً. بمعنى أننا نريد تدريباً به حوار ولعب أدوار ودراسة حالات واستقصاءات وتمارين وأسئلة واختبارات وأفلام تدريبية وإجراء بحث علمي ميداني وزيارات ميدانية ومواقف عملية وابتكار وإبداع...

وفي جمهورية مصر العربية يشترط نظام اختيار وتعيين القيادات الحكومية اجتياز المرشح برامج تدريبية في مجال القيادة. ويوفر هذه البرامج في مصر الجهات التدريبية الحكومية التالية:

1- مركز إعداد القادة للقطاع الحكومي بالقاهرة التابع للجهاز المركزي للتنظيم والإدارة.

2- مركز إعداد القادة للقطاع الحكومي بالإسكندرية التابع للجهاز المركزي للتنظيم والإدارة.

3- مركز إعداد القادة للصناعة.

4- مركز تدريب وزارة الإنتاج الحربي.

5- أكاديمية السادات للعلوم الإدارية.

6- مركز التنمية المحلية بسقارة بمحافظة الجيزة لتدريب المرشحين لشغل الوظائف القيادية بالإدارية المحلية.

التعامل السليم والفعال مع المشكلات:

ومن المهارات الهامة التي يجب تدريب القيادات والمرشحين لشغل وظائف قيادية عليها: مهارة التعامل السليم والفعال مع المشكلات. والجزء التالي سيلقي الضوء على هذه المهارة:

لا يوجد فرد أو جماعة أو منظمة أو مجتمع بدون مشكلات Problems. فالمشكلات ظاهرة حتمية في هذه الحياة الإنسانية. فعلى سبيل المثال لا يوجد إنسان بدون مشكلات ولا يوجد مدير بدون مشكلات ولا توجد منظمة بدون مشكلات. والعبرة هنا ليست في وجود هذه المشكلات، بل في الكيفية التي يتم التعامل بها مع تلك المشكلات.

فالمشكلات هي نقمة ونعمة في الوقت نفسه. فهي نقمة لأنها تسبب الضرر والقلق والتوتر والخوف والخسائر، ولأنها تحتاج إلى الموارد والوقت والجهد لحلها أو علاجها.. إلا أن المشكلات أيضاً نعمة لأنها قد تكون سبباً في التطوير، وفرصة للنجاح، وتظهر العيوب، وتساهم في تدعيم مناطق القوة، وتقوي العلاقات.

ومن الفرضيات الهامة في البرمجة اللغوية العصبية Neuro Linguistic Programming (NLP) أن هناك حلا لكل مشكلة. حيث يرى كثير من الباحثين أنك حين تؤمن بوجود حل لأي مشكلة قائمة سيكون لديك فرص أكبر لإيجاد هذا الحل. عادة ما يكون التقديم أو العرض الأول للمشكلة لا يتضمن أسبابها الرئيسية، وعندما تتمكن من تحديد هذه الأسباب فإن ذلك يلقي بمزيد من الضوء عليها، وهنا يختفي الشكل الذي عرضت به أولاً، وتظهر المشكلة على حقيقتها. وهذا يؤكد مقولة أنه ليس هناك فشل، هناك فقط تغذية عكسية أو مرتدة.

قد تكون المشكلة كما عرضت جزءاً من التعلم الذي يقودك في النهاية إلى تحقيق هدفك. وعلى الرغم من أنها قد تعتبر عائقاً على الطريق، إلا أنه يمكنك إزالتها، أو الالتفاف من حولها، أو القفز فوقها، أو قد تكتشف طريقا آخر تستخدمه، والنظر إلى المشكلات بهذه الطريقة يجعل أي مشكلة وكأنها درجة تخطو عليها لتصل إلى الدرجة الأعلى والتي توصلك إلى غايتها النهائية. وكما يؤكد كثير من رجال الأعمال فإن كل مشكلة تمثل فرصة. والأمر يتوقف على رؤيتك.

أخطاء يتم الوقوع فيها عند التعامل مع المشكلات:

هناك أخطاء عديدة يتم الوقوع فيها عند التعامل مع المشكلات، يجب على أي فرد أو جماعة أو منظمة أو مجتمع تجنب الوقوع فيها. من هذه الأخطاء نذكر:

1- إنكار المشكلة.

2- تصغير المشكلة.

3- تكبير المشكلة.

4- التهوين من المشكلة.

5- الهروب من مواجهة المشكلة.

6- القفز إلى الحلول بدون دراسة وتشخيص المشكلة.

7- التحيز وعدم الموضوعية عند دراسة المشكلة.

8- النظرة غير الشاملة للمشكلة.

9- النظر إلى المشكلة من منظور واحد أو من منظور تخصص واحد.

10- تقليد الآخرين في حل المشكلات.

11- تطبيق حلول جاهزة.

12- عدم الاهتمام بخطوة اقتراح الحلول العديدة أو البديلة للمشكلة.

13- عدم الاهتمام بتقييم الحلول العديدة أو البديلة المطروحة لحل المشكلة.

14- عدم الموضوعية في تقييم هذه الحلول.

15- استخدام معلومات قديمة أو غير مرتبطة أو ثانوية أو غير دقيقة.

16- الاستفادة الشخصية من المشكلة أو من حلولها.

مقياس القدرة على حل المشكلات

المجموعة الأولى

م	العبـــــــارات	أوافق 1	أوافق إلى حد ما 2	لا أوافق 3
-1	إذا فشلت جهودي لحل مشكلة خاصة بي، لا ألجأ عادة إلى تحري أسباب هذا الفشل.			
-2	إذا واجهتني مشكلة معقدة، فليس من عادتي التخطيط المنظم لها.			
-3	عندما تواجهني مشكلة ما، عادة لا أجمع المعلومات عنها.			
-4	إذا تعثرت أول خطوة لي لحل مشكل تواجهني، فإنني أفقد القدرة على المواصلة.			
-5	بعد حل أي مشكلة لي، فإنني عادة لا أراجع الخطوة التي قمت بها.			
-6	لا أرى نفسي مبدعا ومفكراً جيداً لحل أية مشكلة تواجهني.			
-7	إذا واجهتني مشكلة ما، فإنني عادة لا أحاول ترجمة مظاهرها السطحية إلى أسبابها الحقيقية.			
-8	جميع مشكلاتي معقدة.			
-9	جميع مشكلات العمل التي تواجهني معقدة.			
-10	أحيانا أتوه وأشعر بالشرود عندما تواجهني مشكل مفاجئة.			

			عنـدما تـواجهني مشـكلة، يـذهب تفكـيري إلى العوامـل الخارجية للمشكلة فقط.	11-
			عندما أواجه مشكلة ما، فإنني عادة أسلك لحلها أي خـاطرة تخطر على بالي.	12-
			عندما تواجهني مشكلة ما، عادة مـا أقفـز إلى خطـوة الحـل لأنها تريحني وتقلل القلق والتوتر لدي.	13-
			كثيراً ما اتخذت قرارات سريعة ندمت عليها بعد ذلك.	14-
			عادة ما أقوم فـوراً بـالخطوات التي أراهـا لحـل المشـكلة في لحظة حدوثها أو اكتشافها.	15-
			عند حدوث مشكلة لي، فإنني ألجـأ إلى مـا فعلتـه في السـابق من حلول لمشكلات متشابهة.	16-
			المجمـوع =	

المجموعة الثانيـة

م	العبـــــــارات	أوافق 1	أوافق إلى حد ما 2	لا أوافق 3
-1	خلال حل مشكلة لي، عادة أتوقف عند كل خطوة لتقييمها وتوقع ما يحدث.			
-2	عند حلي لمشكلة ما، فإنني عادة أبحث عن جميع الاختيارات أو الحلول لها، حتى استقر على الأفضل			
-3	أشعر بأنني قادر على حل كافة المشكلات المستعصية حتى لو بدت مستحيلة الحل.			
-4	قراراتي التي اتخذها غالباً ما تسعدني فيما بعد.			
-5	غالباً ما أتريث وأفكر عندما تواجهني مشكل ما وذلك لكي أخطط لها.			
-6	عند اتخاذ قرار معين فإنني عادة أذنه وأقيمه من خلال عدة معايير منها السلامة والقبول.			
-7	عندما أخطط لحل مشكلة تواجهني، فإنني عادة على ثقة بأنها الأفضل.			
-8	أرى أنني قادر على حل مشكلاتي في العمل إذا ما منحت الوقت والإمكانات.			
-9	أشعر بأنني قادر على حل مشكلات العمل حتى غير المألوفة منها.			
-10	أثق في قدراتي على مواجهة المشكلات الصعبة.			
-11	تفكيري غالباً منطقي يحلل ويقيم ويتوقع ويقارن بين البدائل.			

-12	عند مواجهة مشكلة ما فعادة أحدد العوامل الداخلية والخارجية المؤدية لها.			
-13	عند مواجهة مشكلة ما فعادة أحدد العوامل الذاتية (الشخصية) والموضوعية (البيئية) المؤدية لها.			
-14	إذا واجهتني مشكلة ما، غالباً أقوم بدراستها وأجمع المعلومات عنها من أكثر من مصدر.			
-15	عادة ما أحاول معرفة أين توجد المشكلة أساساً بدلاً من تقرير مظاهرها السطحية.			
-16	غالبية توقعاتي لقرارات اتخذتها لمواجهة مشكلتي صحيحة.			
	المجمـوع =			
المجموع الكلي = مجموع المجموعة الأولى + مجموع المجموعة الثانية				

تفسير النتائج:

1- إذا حصلت على 76 درجة فأكثر، فأنت لديك القدرة على حل المشكلات بدرجة كبيرة.

2- إذا حصلت على 53 درجة حتى 75 درجة فإن قدرتك على حل المشكلات متوسطة.

3- إذا حصلـت على 52 درجة فأقل فإن قدرتك على حل المشكلات ضعيفـة.

خاتمة:

أخيراً إن تحقيق القيادة الناجحة، يتطلب من القائد فهم الطبيعة البشرية للمرؤوسين ومحاولة تحريك وتحفيز واكتشاف أفضل ما لديهم من طاقات وقدرات وإمكانات.

إن المتغيرات العالمية المعاصرة تفرض وجود قادة من نوع جديد يحبون التغيير وقادرون عليه.

ويجب التأكيد على أنه لا تكفي القوانين والقرارات واللوائح في إحداث التغيير، فالمنظمات مثل الأفيال بطيئة في التغيير، ومطلوب لها قادة لهم رؤية لحشد الطاقات وتوجيهها نحو مستقبل أفضل.

إن المرؤوسين يحتاجون للقيادة ليس في شكلها الرئاسي السلطوي، ولكنهم يحتاجون إلى قيادة تهتم بالقيم الإنسانية، وتنمي القدرات الابتكارية لدى الفرد والمنظمة، وتعمل على إيجاد مناخ عمل مناسب قائم على روح الفريق والحرص على تحقيق معايير الجودة الشاملة، مع المحافظة على البيئة الداخلية والخارجية للمنظمة من التلوث بكافة أنواعه...

209

الفصل الرابع عشر

Leadership

أشتمل هذا الفصل على:

- Introduction.
- Leadership Definition.
- Leadership Properties.
- The Power of Leader.
- Leadership Styles.
- Fist: The Autocratic Leadership
- Second: The Democratic Leadership
- Third: The Chaotic Leadership
- The Successful Leadership Manners.
- Effective Team Leaders.

Introduction:

Leaders are present in both formal and informal groups. A teacher standing in front of group of students, a supervisor in a factory , and the managing director of a company, a social worker with his clients, are all exercising the power of leadership. They have, hopefully, clearly started objectives and they are organizing the group in their control to achieve those objectives.

In any group of friends there is likely to be a leader; the person who says "let's do this I'll get the tickets, you find out the time of the buses".

Both leaders, the first in a formal group, the second in an informal group, have the power to make people do what they want. The interesting question is: does a leader emerge from the group? There is no single answer to this question. It is likely that the emergence of a leader depends on the interaction of a number of factors:

1- The character of the leader. People who accept and/or are given leadership tend to have certain characteristics in common. They are sociable and willing to make contributions to discussion. They are likely to be more intelligent than the rest of the group and have problem-solving abilities.

2- leadership depends on the type of task being undertaken.

3- leadership depends on the personalities of the rest of the people in the group.

4- leadership may be imposed on the group or the leader may be elected. The elections of a leader does not have to be formal. It could be no more than a consensus among group members that one person has the ability to lead.

Imposed leadership may come into conflict with the informal group leaders. In circumstance where the informal leaders is dominant then the informal group norms will be followed rather than the norms imposed by the formal group, for example a business. In extreme circumstances this can lead to low productivity, poor quality work and the failure in the business as a whole to achieve its objectives.

Leadership Definition:

Leadership is the process of directing the behavior of others toward the accomplishment of objectives. Leadership is the art of affecting on the individuals and the coordinating of their efforts and relationships, as well as, telling the examples in relation to the acts and behaviors, and discovering their confidence and respect; by the way that assures the achievement of the required goals.

Leadership is the ability to affect on the human behavior of the group in order to reach the common goals. This can be achieved through the confidence, obedience and cooperation of such group. Leadership occurs whenever one person influences another to work toward some predetermined objectives.

The leader is the person who leads a group of people in order to achieve certain goals. The function of the leader is the achieving of coordination and connection between different activities. This will direct the group's efforts towards a certain attitude.

Leadership Properties:

1- The leadership is a behavioral process.

2- It is represented in the possibility of moving the group to achieve an effect which is directed towards its goals.

3- Improving of the active social interaction which is directed among its members and maintaining its coherence.

4- Making a remarkable positive effect on the structure and performance of the members.

5- It is a social role that achieves the group goals through the process of the social interaction and the communication between the leader and his environment.

6- It is a social and psychological phenomenon that expresses the images of the social interaction that occurs between an individual and a group.

7- The leadership is a social role.

What does an effective leader look like?

Where are three core qualities to leadership: authenticity, self-expression, value creation. For example, "Authenticity" refers to a link between the inner and the outer person. Truly authentic leaders are open both to their gifts and to their underdeveloped qualities. People who understand who they are tend to have a more powerful voice – and to make a more profound contribution to an enterprise.

The power of leader:

The power of a leader can come from a number of sources:

1- The ability of the leader to reward co-operation, for example by recommending them for promotion.

2- A fear on the part of members of the group that if they do not co-operate they will be punished, either actively by disciplinary action or passively by a failure of the leader to reward.

3- A charismatic personality, that is the sort of personality that has a special charm or appeal that is capable of inspiring people.

4- Expert knowledge will be accepted in situations, where that knowledge is relevant.

5- Organizational power is given to a person who has been elected or appointed as a leader.

Leadership Styles:

The leadership styles are numerous, and the most important of them are mentioned as following:

First: The Autocratic Leadership:

The autocratic leader sets his own objectives, allocates tasks and insists on obedience. As a result the group becomes very dependent upon him. The members of the group de not have the necessary information to make their own decisions. Because they are dependent on the leader there is little cohesion among group members and output, although high under supervision, may not be of good quality. Members of a group with autocratic leadership frequently appear dissatisfied with their leader.

On the other and autocratic leadership can be necessary in certain circumstances. The discipline imposed by the armed forces was based on the need to move large numbers of troops from one part of a battlefield to another very quickly and to condition them to obey orders instantly.

The autocratic Leadership is based on that the leader controls the group and he has the upper hand on it.

The leader takes the decisions by himself through issuing the orders.

- The leader determines the whole group policy and the individuals' roles.

- The leader dictates on the subordinates their activities and the system of relationship among themselves.

- The leader is the judgment unit and the source of the punishing and rewarding.

- The leader is interested in the obedience of the individuals.

- The individuals do not have the right of choosing the work or contributing in the decisions taking.

- The individuals do not have the discussion, competition or giving opinions, this leads to the obstruction of the workers ability to create, innovate or originate.

- The autocratic leader encourages the decrease of the communication among the members, which will be done by him and under his supervision.

- The autocratic leader interferes in most of the issues, the different works and the details of things.

- The autocratic climate does not permit a sufficient field for developing the human relationships among the group members.

- The morale is decreased and the social adaptation is not achieved among the group individuals.

- It leads to the diffusion of the dishonored competition, and conflict.

- It leads to weakness of cooperation, as well as the weakness of the structure among the group individuals.

- The autocratic behavior grows the fear in the selves of the subordinates and makes them feel with worrying, instability and non satisfaction.

- It leads to the diffusion of the spirit of negativism and dependence on others for the subordinates; they only do what satisfies the leader and protect them from his punishment.

- This leads to the appearance of groups, fanatic attitudes, the aggressive tendencies and their confidence on themselves will be weaken.

Second: The Democratic Leadership:

The democratic leader encourages participation in the decision making process. He consults with members of the group and "sells" the final decision to them, working on the assumption the people will work better if they know and believe in their objectives.

This style of leadership requires good communication skills on the part of the leader. It results in greater satisfaction on the part of the group, the quality of output tends to be good and the members of the group make a large number of suggestions. True democratic leadership increases the satisfaction within a group.

The democratic leadership is based on opinion respect, persuasion, cooperation and mutual satisfaction.

- The democratic leader encourages on the forming of the close personal relationships and achieving the mutual understanding among the group individuals.

- The democratic leader is interested in distributing the responsibilities and involving the subordinates in the decisions taking.

- The diffusion of the satisfaction feelings, comfort, loyalty and being interested in work.

- Achieving the cooperation and stability, increasing the morale and creating the positive spirit.

- The friendly relationship is superseded among the group members.

- The democratic leader is interested in acquiring the cordiality of the group members, their cooperation.

- The democratic leader is interested in removing the conflicts, disputes and coalitions.

- The democratic leader seeks always to make every body in the group feels with the importance of his positive participation in the group affairs and the determining of its goals.

- The democratic leader seeks to distribute the responsibilities on the group individuals, as he/she is suggesting and not ordering.

- The democratic leader encourages the intellectual communication among the group individuals which increase its strength.

- The democratic leader seeks to raise his/her group to the highest level.

- The democratic leader manages the social interaction processes among the group individuals.

- The democratic leader contributes effectively in the developing of the group individuals abilities, improving their affairs.

- The group is characterized with the incentive towards the work and the highest ability for production.

- The satisfaction and comfort are superseded among the group individuals.

- The spirit of cooperation and friendship is superseded and the feeling of frustration and individuality is decreased.

Third: The Chaotic Leadership

The leadership may transfer, in the events of extremism, exaggeration and weakness, into what is called the chaotic leadership.

The free will of conducting the affairs is left for the subordinates freely and absolutely in relation to their behavior and activity.

- They are free in taking the decisions with the least participation from the leader in the field of (the participation – the execution – the encouragement – the criticism).

- It leads to negative results which are reversed on the establishment, the subordinates and the leader himself.

- They have the complete freedom in relation to the social decision without any positive participation from the leader.

- The leader does not perform any positive role in the group activity or it's organizing.

- This system of leadership is less organized, less effective and less satisfactory for the members needs.

The successful Leadership Manners:

1. Increasing the organization's efficiency.

2. Caring for training in order to increase the individual's efficiency.

3. Achieving the regularity and discipline.

4. Caring for the moral of the subordinates.

5. Supporting the teamwork for the subordinates.

6. The leader must understand his work sides.

7. Informing the subordinates and enabling them to understand their tasks.

8. Giving the ideal for the subordinates and their participation.

9. Being strict upon taking the decisions.

10. The leader is charged with the responsibility and the development of it in relation to the subordinates.

11. Regarding the real organization possibilities.

12. The leader's effectiveness and his interaction with the subordinates.

13. The initiative, innovation and ambition.

14. The social interaction with the group members.

15. The work with the group and not for the group.

16. Representing the group.

17. The integration and relationships adjustment.

18. The planning, organizing and management.

19. The informing: The leader informs the group with the different information.

20. The leader facilitates the information exchange among the group members and between it and the other groups.

21. The leader accepts the individuals as they are, in consideration of the individual differences.

22. The forming of a firm social relationship with the group members.

23. The convenience and compliance between his behavior and the group behavior.

24. The leader motivates the individuals to achieve a suitable portion of production and giving the maximum opportunity for work.

Effective Team Leaders

Team leaders should possess many traits to be effective such as:

Communicate

Are open, honest, and fair

Are decisions with input

Give subordinates the information they need to do their jobs

Set goals and emphasize them

Keep focused through follow-up

Listen to feedback and ask questions

Are loyal to the company and their subordinates

Creates an atmosphere of growth

Have wide visibility

Give praise and recognition

Constructively criticize and address problems

Develop plans

Have and share their mission and goals

Are tolerant and flexible

Are assertive

Exhibit a willingness to change

Treat subordinates with respect

Are both available and accessible

Wants to be the boss/take charge

Has ownership for team decisions

Sets guidelines on how to treat each other (ethics, conduct, ect)

Represent the team and fights a "good fight" when appropriate

المصادر والمراجع

- **أولاً: المصـادر.**
- **ثانياً: المراجع العربية.**
- **ثالثاً: المراجع الأجنبية.**

أولاً: المصادر

1- القرآن الكريم
2- الأحاديث النبوية الشريفة

ثانياً: المراجع العربية

1- ابتسام محمد راشد: «Leadership»، في مدحت محمد أبو النصر وآخرون: Introduction to Social Work (القاهرة: كلية الخدمة الاجتماعية، جامعة حلوان، 2008).

2- أحمد إبراهيم باشات: أسس التدريب (القاهرة: دار النهضة العربية، 1978).

3- أحمد سيد مصطفى: المدير وتحديات العولمة إدارة جديدة لعالم جديد (القاهرة: دار النهضة العربية: 2000).

4- أحمد سيد مصطفى: إدارة الموارد البشرية (القاهرة: المؤلف، 2004).

5- أحمد سيد مصطفى: المدير ومهاراته السلوكية (القاهرة: المؤلف، 2005).

6- أحمد سيد مصطفى: إدارة السلوك التنظيمي (القاهرة: المؤلف، 2005).

7- السيد عليوه: تحديد الاحتياجات التدريبية (القاهرة: إيتراك، ط2، 2008).

8- براء عبد الكريم بكار: إدارة الإبداع في منظمات التعلم (الأردن: جامعة اليرموك، كلية الاقتصاد والعلوم الإدارية، 2002).

9- برنارد تايلور الثالث: مقدمة في علم الإدارة، تعريب سرور علي إبراهيم، مراجعة محمد يحيى عبد الرحمن (الرياض: دار المريخ، 2007).

10- بسيوني محمد البرادعي: تنمية مهارات تخطيط الموارد البشرية (القاهرة: إيتراك، 2004).

11- بيميك: **البرنامج التدريبي تنمية المهارات القيادية** (الجيزة: مركز الخبرات المهنية للإدارة، 2006).

12- بيتر ج. ريد: **القيادة المتميزة**، ترجمة علا أحمد إصلاح (القاهرة: مجموعة النيل العربية، 2005).

13- بيتر ف. دراكر: **الإدارة**، ترجمة محمد عبد الكريم، مراجعة، نادية الهادي (القاهرة: الدار الدولية للنشر والتوزيع، 1995).

14- بيتر ف. دراكر: **الإدارة للمستقبل**، ترجمة صليب بطرس (القاهرة: الدار الدولية للنشر والتوزيع، 1995).

15- بيتر ف. دراكر: **تحديات الإدارة في القرن الواحد والعشرين**، ترجمة إبراهيم بن علي الملحم، مراجعة مساعد بن عبد الله الفريان (الرياض: معهد الإدارة العامة، 2005).

16- توفيق محمد عبد المحسن: **اتجاهات حديثة في الجودة والقياس** (القاهرة: دار الفكر العربي: 2008).

17- توم بيترز: **ثورة في عالم الإدارة**، ترجمة محمد الحديدي، مراجعة صليب بطرس (القاهرة: الدار الدولية للنشر والتوزيع، 1995).

18- جاري ديسلر: **إدارة الموارد البشرية**، ترجمة محمد سيد أحمد عبد المتعال (الرياض: دار المريخ للنشر، 2003).

19- جفري فيفر: **الموارد البشرية كقوة تنافسية**، الشركة العربية للإعلام العلمي، شعاع، خلاصات، السنة 3، العدد 12، القاهرة: يونيه 1995.

20- جل بروكس: **قدرات التدريب والتطوير**، ترجمة عبد الإله إسماعيل كبتي، مراجعة عبد اللطيف بن صالح العبد اللطيف (الرياض: معهد الإدارة العامة، 2001).

21- جمال الدين محمد المرسي: **الإدارة الإستراتيجية للموارد البشرية** (الإسكندرية: الدار الجامعية، 2006).

225

22- جنيفر جوي - ماثيوز وآخرون: **تنمية الموارد البشرية**، ترجمة علا أحمد إصلاح (القاهرة: مجموعة النيل العربية، 2008).

23- جوزيف جابلونسكي: **تطبيق إدارة الجودة الكلية**، خلاصات، الشركة العربية للإعلام العلمي "شعاع" السنة الأولى، العدد 6، القاهرة: فبراير 1993.

24- جيرالد جرينبرج وروبرت بارون: **إدارة السلوك في المنظمات**، ترجمة رفاعي محمد رفاعي، وإسماعيل علي بسيوني (الرياض: دار المريخ للنشر، 1425هـ).

25- حافظ فرج أحمد: **الجودة الشاملة في المؤسسات التربوية** (القاهرة: عالم الكتب، 2006).

26- حسن محمد خير الدين وآخرون: **العلوم السلوكية** (القاهرة: مكتبة عين شمس، 2000).

27- حسين شراره ومحمد سعيد خشبة: **البرنامج التدريبي تكنولوجيا المعلومات** (القاهرة: المجموعة الاستشارية للشرق الأوسط، 2004).

28- حسين شرارة: **البرنامج التدريبي مهارات تقييم الأداء الإداري** (القاهرة: توتاليتي، 2004).

29- رامي الجاغوب: **مقدمة في نظام إدارة الجودة** (دبي: معهد دبي لتنمية الموارد البشرية، 2007).

30- راوية محمد حسن: **إدارة الموارد البشرية** (الإسكندرية: المكتب الجامعي الحديث، 1999).

31- راوية محمد حسن: **مدخل استراتيجي لتخطيط وتنمية الموارد البشرية** (الإسكندرية: الدار الجامعية، 2005).

32- روبرت كيلي: **كيف تصبح نجماً لامعاً في العمل؟** الشركة العربية للإعلام العلمي «شعاع»، خلاصات، السنة 6، العدد 15، القاهرة: أغسطس 1998.

33- رولاند راست وآخرون: **عائد الجودة، قياس النتائج المالية لبرنامج الجودة في شركتك**، خلاصات، الشركة العربية للإعلام «شعاع»، السنة الرابعة، العدد 3، القاهرة: فبراير 1996.

34- ريتشارد جيرسون: **كيف تقيس رضاء العملاء؟** ترجمة خالد العامري (القاهرة: دار الفاروق للنشر والتوزيع، 2003).

35- ريتشارد فرمان: **توكيد الجودة في التدريب والتعليم**، ترجمة: سامي علي الجمال، آفاق الإبداع العالمية للنشر والإعلام، 1995).

36- سامية فتحي عفيفي ويسرية فراج محمد: **الاتجاهات الحديثة في الإدارة العامة** (القاهرة: حورس للطباعة والنشر، 2000).

37- سامية فتحي عفيفي: **دراسات في السلوك الإداري** (القاهرة: كلية التجارة، جامعة حلون، 2006).

38- ستيفن كوفي: **العادة الثامنة**، خلاصات، الشركة العربية للإعلام العلمي «شعاع»، السنة 12، العدد 24، القاهرة: ديسمبر 2004.

39- ستيفن كوفي: **العادات السبع للناس الأكثر فعالية** (الرياض: مكتبة جرير، 2004).

40- سعد غالب التكريتي: **نظم مساندة القرارات** (عمان: دار المناهج للنشر والتوزيع، 2004).

41- سلسلة الإدارة المثلى: **إدارة الأفراد** (بيروت: مكتبة لبنان، 2001).

42- سلسلة الإدارة المثلى: **أساليب التوجيه المثلى** (بيروت: مكتبة لبنان، 2001).

43- سلسلة الإدارة المثلى: **الحفز لأداء أمثل** (بيروت: مكتبة لبنان، 2001).

44- سمير محمد فريد: **البرنامج التدريبي تشخيص وحل المشكلات** (القاهرة: مؤسسة التعاون للبترول، 2006).

45- سوزان أ. ويلان: **كيفية بناء فرق عمل فعالة**، ترجمة عبد الحكم الخزامي (القاهرة: دار الفجر للنشر والتوزيع، 2002).

46- سوزان سلفر: **النظام كأفضل مايكون**، الشركة العربية للإعلام العلمي "شعاع"، خلاصات، السنة 4، العدد 12، القاهرة: يونيو 1996.

47- سيد الهواري وآخرون: **إدارة الموارد البشرية في البنوك الإسلامية** (الاتحاد الدولي للبنوك الإسلامية، 1981).

48- سيد الهواري: **الإدارة، الأصول والأسس العلمية للقرن 21** (القاهرة: مكتبة عين شمس، ط2، 2000).

49- سيد سيد أحمد وفيصل بن عبد الكريم الخميس: إدارة الجودة الكلية، **طريق المنظمات العربية نحو الامتياز** (القاهرة: 2007).

50- سيد عبد القادر: **الدليل الشامل للجودة الكلية في تطبيق المواصفات الدولية لنظم الجودة 9000** (القاهرة: 1994).

51- شركة الراجحي المصرفية للاستثمار: **مجلة الراجحي**، "ماهية هندسة التغيير في المنشآت"، العدد 74 ، الرياض: مارس 2003.

52- صلاح الشنواني: **إدارة الأفراد والعلاقات الإنسانية** (الإسكندرية: مؤسسة شباب الجامعة، 1999).

53- ضياء حلمي: «التغير، أدوات تحويل الأفكار إلى نتائج»، **مجلة التدريب والتنمية**، جمعية التدريب والتنمية العدد16، القاهرة: يوليو - سبتمبر 2004.

54- طارق السويدان: **منهجية التغيير في المنظمات** (الرياض: مؤسسة قرطبة للإنتاج الفني، 2001).

55- عادل محمد زايد: «نماذج تمييز الأداء، مدخل تنمية الموارد البشرية الشرطية» **مجلة الفكر الشرطي**، الإدارة العامة لشرطة الشارقة، المجلد العاشر، العدد 37، الشارقة 2001.

56- عامر الكبيسي: **الفكر التنظيمي** (الدوحة: دار الشروق للطباعة والنشر، 1998).

57- عبد الباري إبراهيم درة: «إدارة الجودة، مدرسة إدارية معاصرة ذات انعكاسات إيجابية على فعليات المؤسسات الشرطية العربية»، **مجلة الفكر الشرطي**، الإدارة العامة لشرطة الشارقة، العدد 14، الشارقة: سبتمبر 1995.

58- عبد الباري إبراهيم درة: **تكنولوجيا الأداء البشري في المنظمات** (القاهرة: المنظمة العربية للتنمية الإدارية، 2003).

59- عبد الرحمن توفيق: «الإدارة ركيزة تحول الأحلام إلى واقع»، **المؤتمر العلمي السادس للمعهد العالي للخدمة الاجتماعية**، القاهرة: 4-5 إبريل 2007.

60- عبد الرحمن توفيق: **الإدارة المعرفة** (القاهرة: مركز الخبرات المهنية للإدارة، 2004).

61- عبد الرحمن توفيق: **المهارات السبع للنجاح** (القاهرة: مركز الخبرات المهنية للإدارة، 2004).

62- عبد الرحمن توفيق: **التدريب الفعال** (القاهرة: مركز الخبرات المهنية للإدارة، 2004).

63- عبد الرحمن هيجان: «التعلم التنظيمي»، **مجلة الإدارة العامة**، المجلد 37، العدد3، 1998.

64- عبد الرحيم محمد: «إدارة الجودة الشاملة»، **مجلة التدريب والتنمية**، جمعية التدريب والتنمية، العدد 16، القاهرة: يوليو - سبتمبر 2004.

65- عبد العزيز نور: «الجودة الشاملة قبل فوات الأوان»، **جريدة الأهرام**، القاهرة: 2007.

66- عبد الغفار حنفي: **السلوك التنظيمي وإدارة الموارد البشرية** (الإسكندرية: الدار الجامعية، 2007).

67- عبد الفتاح الشربيني وأحمد فهمي جلال: **أساسيات الإدارة** (شبين الكوم: مطابع الولاء الحديثة، الطبعة الثانية، 1997).

68- عبد الفتاح الشريف وأحمد فهمي جلال: **أسس الإدارة** (الجيزة: جامعة القاهرة، 2001).

69- عبد الكريم درويش وليلى تكلا: **الإدارة العامة** (القاهرة: مكتبة الأنجلو المصرية، 1974).

70- عبد المجيد السيد عبد المجيد: **الإدارة أصول ومبادئ وتطبيقات** (القاهرة: مكتبة عين شمس، 1999).

71- علاء عبد الباري عبد الواحد: «مراقبة الجودة الإحصائية كمدخل لقياس جودة العمليات الشرطية» **مجلة الفكر الشرطي**، الإدارة العامة لشرطة الشارقة، المجلة العاشرة، العدد 37، الشارقة، 2001.

72- علي السلمي: **السلوك الإنساني في الإدارة** (القاهرة: مكتبة غريب، 1998).

73- على السلمي: **إدارة الموارد البشرية** (القاهرة: دار غريب للطباعة والنشر والتوزيع، 1998).

74- علي السلمي: **التدريب الإداري** (القاهرة: المنظمة العربية للعلوم الإدارية، 1970).

75- علي السلمي: **إدارة الموارد البشرية الاستراتيجية** (القاهرة: دار غريب للطباعة والنشر، 2001).

76- علي السلمي: **خواطر في الإدارة المعاصرة** (القاهرة: دار غريب للطباعة والنشر، 2001).

77- علي السلمي: **إدارة التميز** (القاهرة: دار غريب، 2002).

78- علي محمد صالح، وعبد الله عزت بركات: **مبادئ علم الإدارة** (عمان: الأردن: مكتبة الرائد العلمية، 2001).

79- علي محمد عبد الوهاب وسعيد عامر: **الفكر المعاصر للتنظيم والإدارة** (القاهرة: مركز ويد سرفيس، 1994).

80- علي محمد عبد الوهاب وآخرون: **إدارة الموارد البشرية** (القاهرة: كلية التجارة، جامعة عين شمس، 2001).

81- علي محمود منصور: **مبادئ الإدارة، أسس ومفاهيم** (القاهرة: مجموعة النيل العربية، 1999).

82- عوض خلف العنزي: **إدارة جودة الخدمات العامة** (الكويت: مكتبة الفلاح، 2005).

83- فؤاد القاضي: «الاتجاهات الحديثة في إدارة الموارد البشرية»، **مجلة إدارة الأعمال**، (جمعية إدارة الأعمال العربية، القاهرة: 2002).

84- فؤاد القاضي: **تنمية المنظمة والتطوير التنظيمي** (القاهرة: دار الصفا للطباعة والنشر، ط3، 1988).

85- فوزي محمد جبل: **علم النفس العام** (الإسكندرية: المكتب الجامعي الحديث، 2001).

86- فيليب اسكاروس: **الجديد في مناهج البحث التربوي** (القاهرة: المركز القومي للبحوث والتنمية، 2002).

87- فيليب ب كروسبي: **الجودة بلا معاناة**، ترجمة محسن إبراهيم الدسوقي، مراجعة سعيد بن عبد الله القرني (الرياض: معهد الإدارة العامة، 2006).

88- فيليب سادلر: **القيادة**، ترجمة هدى فؤاد محمد (القاهرة: مجموعة النيل العربية، 2008).

89- فيليب سادلر: **الإدارة الاستراتيجية**، ترجمة علا أحمد إصلاح (القاهرة: مجموعة النيل العربية، 2008).

90- كاثلين سانفورد: **الإدارة بالحب**، خلاصات، الشركة العربية للإعلام العربي «شعاع»، السنة8، العدد 21، القاهرة: 2000.

91- لويد دوبينز وكليرماسون: **إدارة الجودة، التقدم والحكمة وفلسفة ديمنج**، ترجمة حسن عبد الواحد (القاهرة: الجمعية المصرية لنشر المعرفة والثقافة العالمية، 1997).

92- مجيد الكرخي: **معايير تقييم الأداء** (الدوحة، قطر: المجلس الأعلى لشيءون الأسرة، 2006).

93- محمد رياض: **دليل تأهيل المنظمات العربية لتطبيق نظام إدارة الجودة** (القاهرة: المنظمة العربية للتنمية الإدارية، 2002).

94- محمد سعيد خشبه: **نظم المعلومات - المفاهيم والتكنولوجيا** (القاهرة: مكتبة الأخبار، 1987).

95- محمد عاطف غيث (محرر): **قاموس علم الاجتماعي** (القاهرة: دار المعارف، 1976).

96- محمد محمد إبراهيم: **الاتجاهات المعاصرة في منظومة الإدارة** (القاهرة: مكتبة عين شمس، 2005).

97- محمد نبيل كاظم: **كيف تحدد أهدافك على طريق نجاحك؟** (القاهرة: دار السلام، 2006).

98- مدحت محمد أبو النصر ومحمد رفعت قاسم: «قيادة العاملين المبادئ الثمانية للنجاح في العمل»، **مجلة دراسات في الخدمة الاجتماعية**، كلية الخدمة الاجتماعية، جامعة حلوان، العدد 16، القاهرة: إبريل 2004.

99- محمود عبد الكريم عبد الحافظ: **محاضرات برنامج تطوير أساليب إدارة شؤون الموظفين** (القاهرة: الهيئة المصرية العامة للثروة المعدنية، 2004).

100- مختار حمزة: **أسس علم النفس الاجتماعي** (جدة: دار البيان العربي، ط2، 1982).

101- مدحت محمد أبو النصر: «العوامل الرئيسية المؤثرة في تعظيم عائد التدريب أثناء الخدمة في المهن المساعدة»، **مؤتمر قياس التكلفة والعائد**، جمعية إدارة الأعمال العربية، القاهرة: 12-13 أكتوبر 1991.

102- مدحت محمد أبو النصر: «العوامل الرئيسية المؤثرة في تعظيم عائد التدريب»، **مؤتمر التدريب.. المستقبل**، هيئة التعليم التطبيقي، الكويت: أكتوبر 1993.

103- مدحت محمد أبو النصر: «المعلومات ونظم المعلومات في الإمارات العربية المتحدة - الواقع والطموح»، **المؤتمر الدولي دور الحاسوب في التعليم**، كلية العلوم الإدارية والاقتصادية، جامعة الإمارات العربية المتحدة، العين، 25-26 أكتوبر 1995.

104- مدحت محمد أبو النصر: «المعلومات - المفهوم والنظم والتدريب»، **مجلة الإدارة**، مجلد3، العدد2، القاهرة: أكتوبر 1998.

105- مدحت محمد أبو النصر: **اكتشف شخصيتك وتعرف على مهاراتك في الحياة والعمل** (القاهرة: إيتراك للطباعة والتوزيع والنشر، 2002).

106- مدحت محمد أبو النصر: "الجودة ودورها في التنمية الاقتصادية والاجتماعية" **المؤتمر العربي عن الفكر الجديد في الجودة والبيئة**، المركز الاستراتيجي للتدريب والاستشارات والدراسات، القاهرة: 19-21 يناير 2003.

107- مدحت محمد أبو النصر: **إدارة الجمعيات الأهلية** (القاهرة: مجموعة النيل العربية، 2004).

108- مدحت محمد أبو النصر: **قواعد ومراحل البحث العلمي** (القاهرة: مجموعة النيل العربية، 2004).

109- مدحت محمد أبو النصر: **مهارات إدارة اجتماعات العمل بنجاح** (القاهرة: مجموعة النيل العربية، 2006).

110- مدحت محمد أبو النصر: **إدارة منظمات المجتمع المدني** (القاهرة: إيتراك للطباعة والتوزيع والنشر، 2006).

111- مدحت محمد أبو النصر وآخرون: Introduction to Social Work (القاهرة: كلية الخدمة الاجتماعية، جامعة حلوان، 2006).

112- مدحت محمد أبو النصر وطلعت مصطفى السروجي: «جودة الخدمات الاجتماعية»، **مجلة دراسات في الخدمة الاجتماعية والعلوم الإنسانية**، كلية الخدمة الاجتماعية، جامعة حلوان العدد 21، الجزء 4، القاهرة أكتوبر 2006.

113- مدحت محمد أبو النصر: إدارة وتنمية الموارد البشرية، الاتجاهات المعاصرة (القاهرة: مجموعة النيل، 2007).

114- مدحت محمد أبو النصر: أساسيات علم ومهنة الإدارة (القاهرة: مكتبة دار السلام، 2007).

115- مدحت محمد أبو النصر: **مفهوم ومراحل وأخلاقيات مهنة التدريب في المنظمات العربية** (القاهرة: إيتراك للطباعة والنشر والتوزيع، 2007).

116- مدحت محمد أبو النصر: **الاتجاهات المعاصرة في تنمية وإدارة الموارد البشرية** (القاهرة: مجموعة النيل العربية، 2007).

117- مدحت محمد أبو النصر: **الإدارة بالحب والمرح** (القاهرة: إيتراك للطباعة والنشر والتوزيع، 2007).

118- مدحت محمد أبو النصر: **الاتجاهات المعاصرة في تنمية وإدارة الموارد البشرية** (القاهرة: مجموعة النيل العربية، 2007).

119- مدحت محمد أبو النصر: **تنمية الذكاء العاطفي / الوجداني** (القاهرة: دار الفجر للنشر والتوزيع، 2008).

120- مدحت محمد أبو النصر: **إدارة الجودة الشاملة في مجال الخدمات** (القاهرة: مجموعة النيل العربية، 2008).

121- مدحت محمد أبو النصر: **إدارة الذات** (القاهرة: دار الفجر للنشر والتوزيع، 2008).

122- مدحت محمد أبو النصر: **إدارة الوقت** (القاهرة: المجموعة العربية للتدريب والبحوث والتسويق، 2008).

123- مدحت محمد أبو النصر: **التفكير الابتكاري والإبداعي** (القاهرة: المجموعة العربية للتدريب والنشر، 2008).

124- مدحت محمد أبو النصر: **بناء وتحسين مهارات الاتصال الفعال مع الآخرين** (القاهرة: المجموعة العربية للتدريب والنشر، 2008).

125- مدحت محمد أبو النصر: **قيم وأخلاقيات العمل والإدارة** (الجيزة: الدار العالمية للنشر والتوزيع، 2008).

126- مدحت محمد أبو النصر: **إدارة الجودة الشاملة في مجال الخدمات** (القاهرة: مجموعة النيل العربية، 2008).

127- مدحت محمد أبو النصر: **الإدارة بالمعرفة ومنظمات التعلم** (القاهرة: المجموعة العربية للتدريب والنشر، 2008).

128- مدحت محمد أبو النصر: **بناء ونمو وإدارة فرق العمل** (القاهرة: المجموعة العربية للتدريب والنشر، 2008).

129- مدحت محمد أبو النصر: **إدارة الأنشطة والخدمات الطلابية في المؤسسات التعليمية** (القاهرة: دار الفجر للنشر والتوزيع، 2009).

130- مدحت محمد أبو النصر: **إستراتيجية العقل** (القاهرة: الدار الأكاديمية للعلوم، 2009).

131- مدحت محمد أبو النصر: **الأداء الإداري المتميز** (القاهرة: المجموعة العربية للتدريب والنشر، 2009).

132- مركز الخبرات المهنية للإدارة: **البرنامج التدريبي للأداء الإداري المتميز** (القاهرة: بميك، 2007).

133- مركز الفريق المتميز: **البرنامج التدريبي مهارات التعامل مع الجمهور** (أبو ظبي: EXTREME، 2007).

134- مصطفى مصطفى كامل: **إدارة الموارد البشرية** (الجيزة: كلية التجارة، جامعة القاهرة، 1992).

135- منير البعلبكي: **المورد، قاموس إنجليزي عربي** (بيروت: دار العلم للملايين، 2008).

136- مهدي حسن: **إدارة الموارد البشرية** (القاهرة: دار الفكر لطباعة النشر والتوزيع، 2001).

137- مؤيد سعيد السالم: **منظمات التعلم** (القاهرة: المنظمة العربية للتنمية الإدارية، 2005).

138- ميشيل مان: **موسوعة العلوم الاجتماعية**، ترجمة عادل مختار الهواري وسعد عبد العزيز مصلوح (الكويت: مكتبة الفلاح، 1994).

139- نبيل عشوش: **السلوك الإنساني والتنظيمي في الإدارة** (الجيزة: أكاديمية الفراعنة، 2006).

140- نبيل علي: العرب وعصر المعلومات، سلسلة **عالم المعرفة**، المجلس الوطني للثقافة والفنون والآداب، العدد184، الكويت: إبريل 1994).

141- هندري ويزنجر: **الذكاء العاطفي**، خلاصات، الشركة العربية للإعلام العربي (شعاع)، السنة 8، العدد 9، القاهرة: مايو 2000.

142- هوارد جاردنر: **الذكاء المتعدد في القرن الحادي والعشرين** (القاهرة: دار الفجر للنشر والتوزيع، 2005).

143- هيوكوش: **إدارة الجودة الشاملة، تطبيق إدارة الجودة الشاملة في الرعاية الصحية وضمان استمرار الالتزام بها**، ترجمة طلال بن عاير الأحمدي، مراجعة خالد بن سعد بن سعيد (الرياض: معهد الإدارة العامة، 2002).

144- و. جاك دنكان: **أفكار عظيمة في الإدارة**، ترجمة محمد الحديدي (القاهرة: الدار الدولية للنشر والتوزيع، 1991).

145- وليم دنكان: **دليل إدارة المشروعات**، ترجمة عبد الحكيم الخزامي (القاهرة: دار الفجر، 2002).

146- يحيى حسن درويش: **معجم مصطلحات الخدمة الاجتماعية** (الجيزة: الشركة المصرية العالمية للنشر لونجمان، 1998).

ثالثاً: المراجع الأجنبية:

1- Argyris, C. (1990) **Organizational Learning**, Allyn & Bacon, Boston.

2- Bacal, R (1999) **Handbook of Performance Management**, A Briefcase Book, McGraw-Hill, Maidenhead.

3- Bandrura, A. (1979) **Principles of Behavior Modification**, Holt, N.Y.

4- Bennis, W (1984) An Invented Life: **Reflections on Leadership and Change**, Addison – Wesley.

5- Bennis, W and O'Toole, J (2000) "Don't hire the wrong CEO", **Harvard Business Review**, May-June.

6- Binney, G and Williams, C (1997) **Learning into the Future- changing the way people change organizations**, Nicholas Brealey, London.

7- Bratt, S and Gallacher, H (1988) **The Facilitators Support Kit**, BQC Ltd, http://www.bqc-network.com.

8- Carnall, C A (1995) **Managing Change in Organizations**, Routledge, London.

9- Covey, S (1992) **Principle – Centred Leadership**, Franklin Covey Co, Simon & Schuster, New York.

10- Dessler, Gray (1997) **Human Resource Management**, Prentice Hall, N. J.

11- Dixon, N (1979) **On the Psychology of Military Incompetence**, Future, London.

12- Drucker, P-quote in second para of section on 'Analysis, Planning and action'- has no reference.

13- Gates, W (1999) **Business @ the speed of thought**, Warner Books.

14- Greenberg, Jerald & Baron, Robert (2000) **Behavior in Organizations,** Prentice Hall, N.J.

15- Guirdham, M (1995) **Interpersonal Skills at Work,** Prentice Hall Europe, Hemel Hempstead.

16- Haines, S with McCoy, K (1995) **Sustaining High** Performance: The Strategic transformation to a customer-focused learning organization, StLucie Press.

17- Hampden-Turner, C (1990) **Charting the Corporate Mind,** The free Press, New York.

18- Heifetz, R and Laurie, D (1997) "The work of leadership", **Harvard Business Review,** January-February (based in part on Heifetz's book, **Leadership Without Easy Answers,** Belknap Press of Harvard University Press).

19- Homan, George (1950) **The Human Group,** Harcourt, Brace.

20- Kaplan R S and Norton D P (1992) **Harvard Business Review,** January.

21- Kotter, J (1999) **Leading Change,** Harvard University Business School Press.

22- Mant, A (1994) **Intelligent Leadership,** Allen & Unwin, Syndey.

23- Mintzberg, H (1994) **The Rise and Fall of Strategic** Planning, Prentice Hall, New York.

24- Modahl, M (2000) **Now or Never-How Companies Must Change Today to Win The Battle for the Internet Customer,** Orion Business Books and Harpert Collins, New York.

25- Peters, T and Waterman, R H (1988) **In search of Excellence,** Warner Boosk.

26- Reed, Peter (2004) **Extraordinary Leadership,** Kogan Page, London.

27- Rosen, Robert & Brown, Paul (2000) **Leading People,** Penguin Group, U.S.A.

28- Sadler, Philip (2003) **Strategic Management,** Kogan Page, London.

29- Sanford, Kathleen (1999) **Leading With Love,** Vashon Press, Francisco.

30- Senge, P (1990) "The Leader's New Work: Building Learning Organizations", **The Sloon Management Reviews,** Fall.

31- Senge P (1990) **The Fifth Discipline: The art and practice of the learning organization,** Doubleday / Currency, New York.

32- Senge, P (1990) The leader's New Work, **Sloan Management Review,** 15, Fall.

33- Slivinski, LW and Miles, J (1996-1997) 'The Wholistic Competency Profile- A

Mode' The Public Service Commission of Canada, Published on the Internet by the Personnel Psychology Centre of the PSC: www.psc-cpf.gc.ca, see also: www.leadership.gc.ca.

34- Stacey, R (1996) **Strategic Management & Organizational Dynamics,** Pitman, London.

35- Sun Tzu (1995) 'The Art of War', in Donald G Krause, **The Art of War for Executives,** Berkely Publishing Group.

36- Taffinder, P (1995) **The New Leaders,** Kogan Page, London.

37- Vana, Prewitt (2003) "Leadership Development for Learning Organization", **Leadership & Organizational Development Journal,** Vol. 24, No. 2.

38- Weisinger, Hendrie (1998) **Emotional Intelligence at Work,** Jossey-Bass, San Francisco.

39- Zelensik, A (1977) 'Managers and Leaders- are they different?', **Harvard Business Reviews,** May / June.

40- Zalesnik, A (1989) **The Managerial Mystique,** Harper & Row, New York .